就算做一只猫，也要学会断舍离

[日] 耶六 著

朱悦玮 译

にゃんしゃりで心のお片づけ。

北京时代华文书局

图书在版编目（CIP）数据

就算做一只猫，也要学会断舍离 /（日）耶六著；朱悦玮译 . -- 北京：北京时代华文书局，2020.10

ISBN 978-7-5699-3933-0

Ⅰ.①就… Ⅱ.①耶… ②朱… Ⅲ.①人生哲学－通俗读物 Ⅳ.① B821-49

中国版本图书馆 CIP 数据核字（2020）第 204822 号

北京市版权局著作权合同登记号　图字：01-2020-0376 号

就 算 做 一 只 猫 ， 也 要 学 会 断 舍 离
Jiu Suan Zuo Yi Zhi Mao,Ye Yao Xuehui Duansheli

著　　者｜[日] 耶　六
译　　者｜朱悦玮

出 版 人｜陈　涛
责任编辑｜周海燕　韩明慧
责任校对｜周连杰
封面设计｜程　慧
版式设计｜段文辉
责任印制｜訾　敬

出版发行｜北京时代华文书局 http://www.bjsdsj.com.cn
　　　　　北京市东城区安定门外大街 138 号皇城国际大厦 A 座 8 楼
　　　　　邮编：100011　电话：010 - 64267120　64267397
印　　刷｜三河市兴博印务有限公司　　电话：0316-5166530
　　　　　（如发现印装质量问题，请与印刷厂联系调换）
开　　本｜880mm×1230mm　1/32　印　张｜5.5　字　数｜65 千字
版　　次｜2021 年 2 月第 1 版　　印　次｜2021 年 2 月第 1 次印刷
书　　号｜ISBN 978-7-5699-3933-0
定　　价｜39.80 元

最近烦恼的事情很多，房间也变得越来越乱了……

我来了！

咚……

哎？！你是谁？

我是你妈。

你才不是我妈……

不是真的妈妈。

是虚拟的妈妈……简单说，是你想象出来的妈妈

为什么我的想象会从大门进来啊？

003

🐱 前言

　　当心灵感到疲惫的时候，不管做什么事都打不起精神来。即便如此，在我们日常的生活当中，仍然有许多不得不做的事情。

　　要想转换一下心情，免不了花费时间和金钱，更棘手的是，连转换心情的力气都拿不出来……我也遇到过这样的情况。打不起精神，什么也不想做，结果房间就变得越来越乱，东西越来越多。

　　初次见面，我是 Jam。

　　一年前，我就处于开头所说的那种状态，我的房间乱成一团，东西堆得到处都是。但现在我的东西已经减少了三分之二，房间也被我收拾得干净整洁，住起来感觉很舒适。

　　在房间乱成一团的时候，我看了许多关于整理的书，也在网上查了很多资料，但基本在开始收拾前就打起了退堂鼓。因为心灵感觉疲惫的话，真的是什么也不想做。

　　"只要把房间整理干净，心情也会变得清爽起来。"

话虽这么说，但我根本连开始整理房间的力气都没有啊。于是我想到，"是不是顺序搞错了"。只有先将心灵整理干净，才有精力去整理其他。既然如此，那就先来试一试吧！

当我尝试对心灵进行整理之后，发现房间整理进展得都很顺利，心灵被整理后还有种意犹未尽的感觉。

我属于那种心灵处于混乱状态时就无法做出正确判断的类型。比如分不出哪些应该丢掉，哪些应该保留。结果就导致不小心丢掉了真正重要的东西，而该扔的东西却无法下定决心丢掉。还有，完全照着书上说的去整理房间，虽然房间是整理干净了，但自己住起来却并不舒服。在一个并不适合自己的房间里坚持并不适合自己的习惯，结果会是什么呢？毫无疑问，当然是房间又变得乱七八糟（苦笑）。

本书将按照整理东西的方法，为大家介绍整理心灵的思考方法。如果能够帮助大家将心灵整理干净，并且找到适合自己的整理东西的方法，整理出一个适合自己生活的房间，那将是我最大的荣幸。

在漫画的中间，会穿插一些我自己的整理经验，还有一些关于扔东西的建议。因为每当我读到建议把东西"都丢掉"的书籍时，都会心想"告诉我丢掉的方法啊……"不管是实际的垃圾还是心灵的垃圾，如果不知道丢掉的方法，就会不断地积累起来，变得乱七八糟。

在本书之中，有"老妈"来帮助我进行整理。对于不同的人来说，"老妈"的形象和性格可能也各不相同。有严厉的，有温柔的，有时候可能还会训斥我们，我觉得就像是妈妈一样。

希望本书能够帮助诸位读者整理心灵，并且将房间也整理得干干净净。

目录
CONTENTS

HOW TO CLEAN UP?

第 2 章

区分

SEPARATION

第 **3** 章　保留

LEAVE

第 4 章　舍弃

THROW AWAY

RELY

RENEW

目录

第 1 章

HOW TO CLEAN UP?

怎样整理？

开始收拾屋子之前，我看了几本相关的书籍

嗯。

原来如此，原来如此。

首先将衣服和书等物品全都堆在地板上，决定哪些扔掉、哪些保留……

嗯。

……

干劲计量表

嗖——

乱七八糟

……

很好，开始吧！

握紧了

越来越乱了……

乱七八糟……

你看的那本书适合本来就非常乱的房间。

要根据自己的情况

你的房间没那么乱，把东西都拿出来的话只会变得更乱啊！

做选择啊

和整理房间一样，整理心灵也要找到"整理的方法"。

但具体应该怎么做才好呢？严格来说，这个问题的答案因人而异，每个人适合的方法各不相同。

有时候按照书上教的方法做了，却没有得到理想的结果，或者参考杂志上干净整洁的房间整理了，却感觉生活起来不怎么舒适。这既不是因为书上写错了，也不是因为自己能力不行。

很可能是这种方法不适合自己，或者那样的房间并不是自己真正想要的。毕竟每个人整理房间的方法以及喜欢的房间风格都各不相同。所以找出适合自己的方法和房间风格才是最重要的。

你又不是活在书本里，书上的内容仅供参考啦！

如果找不到适合自己的方法，就不要参考书里的内容了。

把东西都拿出来其实也没错。

只不过房间看上去比之前更乱了，让人干劲下降……

嗯

整理

扫除和整理作为日常习惯，坚持很重要。

但要是给自己增加太多的压力，就很难坚持下去。

嗯嗯。

那么……每天我都要把绘画工具整理好！

书籍和资料也不能乱放，

吸尘器要好好使用，衣服也要每天都洗，

水槽一定要保持干净……

要是有这种干劲的话

能做到

能放到

握紧

你有没有听我说话？

只要在力所能及的范围内坚持下来就好。

要是不知道自己的斤两，说出去的大话可圆不回来啊！

怎么了？

嗯……

你这样岂不是本末倒置？

哎？

杂志上的这个房间好漂亮，好想住在这样的房间里啊！

只要有笔记本电脑，书籍和资料都可以换成电子版的，这样桌子上就能少放很多东西，工作效率也会提高不少。

桌子上不要放多余的东西，这样就会显得干净整洁，这样铺……

但这样我就没办法工作了……

为了装出一副理想的模样而过着虚伪的生活很辛苦吧！

同理，如果不是你真正想要居住的房间，

那么不管多么干净整洁也不会感觉舒适的。

005

你说，把房间整理干净，人生也会变得更加美好吗？

是会变得更加轻松呢？还是运气变得更好呢？

又问我这么高深的问题。

我觉得吧，房间整理干净，确实会让人心情舒畅。

不是有句话叫『房间是映照心灵的镜子』吗？所以要保持房间的整洁。

但也有房间很整洁，但内心却很阴暗的人。

都要消毒！不干净的东西

舍？

也有虽然房间很杂乱，但心灵很纯洁的人……

哎呀

又变得这儿乱了。

我觉得仅凭房间的状态并不能改变人生。

如果房间整洁就能提高运气的话，那我整天在家里买彩票就行了。

所以说还是因人而异。

可能有的人通过收拾房间让自己更有自信，从而改变人生。

但如果真的想改变人生的话，与其收拾房间，不如直接去解决问题见效更快。

人们常说"房间是映照心灵的镜子"。确实，心情不好或者感觉疲惫的时候，房间也会变得凌乱不堪。但只要将房间收拾干净，就能解决心理上的问题吗？我觉得不完全是这样。只不过将房间收拾得干净整洁可以使人产生自信，从而给自己一种自身发生了改变的暗示。

当然，整洁的房间确实能够让人心情舒畅。

所以，有时间和精力的人，应该尽量保持房间的整洁。但房间凌乱的时候，往往是我们身体和心灵都处于低谷，甚至忙碌不堪的时候。在这种时候就不应该再继续给自己增添压力，强迫自己去收拾房间，而是应该将恢复身心健康放在首位。

如果房间是映照心灵的镜子，那么就可以通过房间的整洁程度来把握自己的状态，没必要强迫自己一直保持房间干净整洁。

你总是面带微笑，

真羡慕你啊！

心态平和，是吧。

救命啊！我要坚持不住了！但不保持笑容的话会被讨厌的吧。

不要勉强自己，有的人虽然总是面带微笑但其实内心痛苦不堪，总是带着面具生活反而会让自己更加辛苦吧！

房间是映照心灵的镜子？

首先找出问题所在

确认需要整理的范围

检查点

堆积在箱子上的东西。

毕竟我房间不是很乱。

用不了1小时就能收拾完，

你怎么知道马上就能收拾好。

东西都堆积在一起

堆在最下面的东西还有用吗？
最下面的箱子里装的是什么？

没有收拾的部分会造成烦恼和心理问题。

· 优先顺序低的问题是否也有解决？
· 有没有故意逃避的问题？

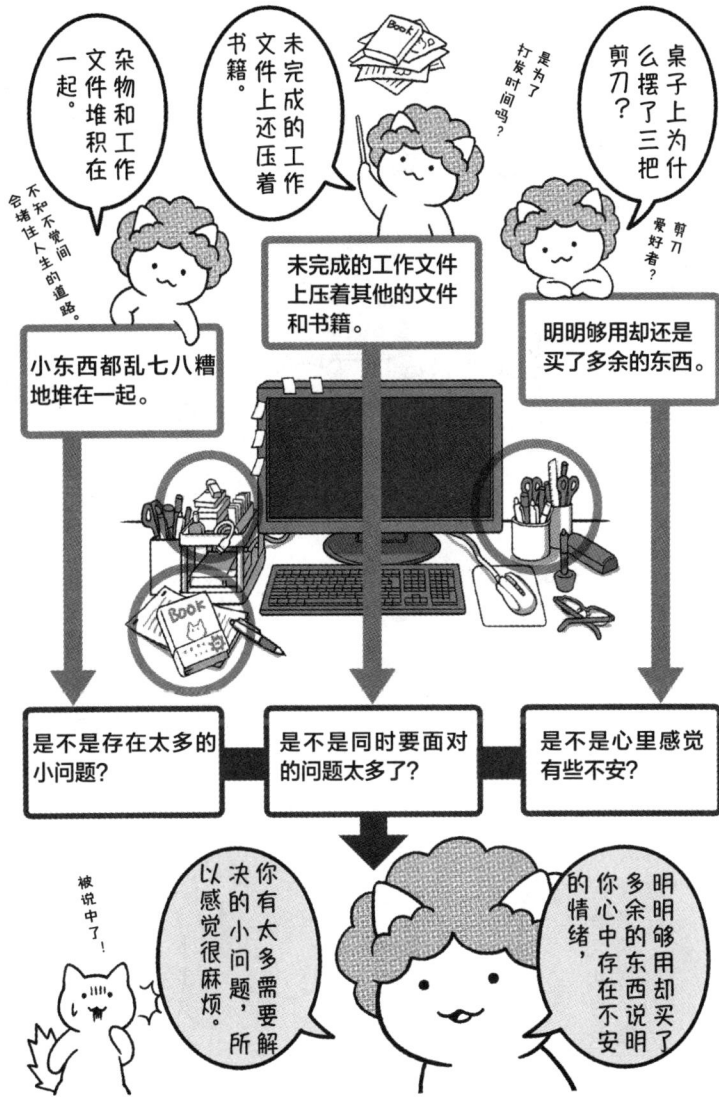

杂物和工作文件堆积在一起。

不知不觉间会堵住人生的道路。

未完成的工作文件上还压着书籍。

是为了打发时间吗？

桌子上为什么摆了三把剪刀？

剪刀觉好看？

小东西都乱七八糟地堆在一起。

未完成的工作文件上压着其他的文件和书籍。

明明够用却还是买了多余的东西。

是不是存在太多的小问题？

是不是同时要面对的问题太多了？

是不是心里感觉有些不安？

被说中了！

你有太多需要解决的小问题，所以感觉很麻烦。

明明够用却买了多余的东西说明你心中存在不安的情绪，

仔细观察房间的状态，就能看出自己现在面临的问题。

呃，我属于部分杂乱吧？

杂乱隐藏在看不见的地方

很干净吧。

但是这个柜门不能打开。

虽然有问题，但是被隐藏了起来难以发现。

因为问题难以被发现所以必须特别注意。

部分杂乱

烦恼比较分散，必须一一应对。

问题散乱地存在于各处，解决起来比较麻烦。

彻底杂乱

绝望

问题太多不知道应该从何处下手。

问题都暴露在外，反而能一口气收拾干净。

妈妈很担心……

乱七八糟的屋子确实最难收拾，但将杂乱隐藏起来的话就更难办了。

第 2 章

SEPARATION

区
分

很好！打起精神来，

开工——

今天一口气收拾干净。

整理东西也有优先顺序吧？

留下

咚

这个，感觉有用又感觉没用。

气喘

呼呼

你那种方法就像考试前的突击复习，

记住的东西一觉醒来就忘了。

你这样收纳起来的东西过几天自己都会找不到的。

我现在就已经忘了……

不要的　　留下的　　以后再说

不管是整理东西还是整理心灵，如果从混沌的状态下开始，状况很难有所改变。首先必须认真地思考"这个东西对自己是否真的有用"，这样才能保证前进的方向不会出错。

"不知道是否有用"的东西说明你不知道它的用途，自然也不知道"应该放在什么地方"。结果就是把这个东西随手放在一个地方，事后连放在哪也不记得了，然后每次整理房间时都重复同样的事情。只是给东西换一个摆放的位置，根本算不上是整理。

心灵也一样，不认真地思考对自己是否真的有必要，只是随意地解决掉的问题，以后还会反复地出现。斩也斩不断的孽缘，就是因为过去没有仔细面对，没有彻底地做个了断。不管是东西还是心灵上的问题，都要认真面对，仔细区分。

要是你不知道哪些该留哪些该扔，就算收拾完了很快又会变得乱七八糟。

啊，一定……下次

如果不能做出判断，麻烦的事情总是会找上门来。

我马上就改。

留下的东西和不要的东西

"对自己来说"必要的东西

这玩意果然是垃圾吧……

如果对你来说是有必要的东西，

哪怕别人看来是垃圾，对你来说也是宝物！

关键在于自己的判断

题目：签名笔

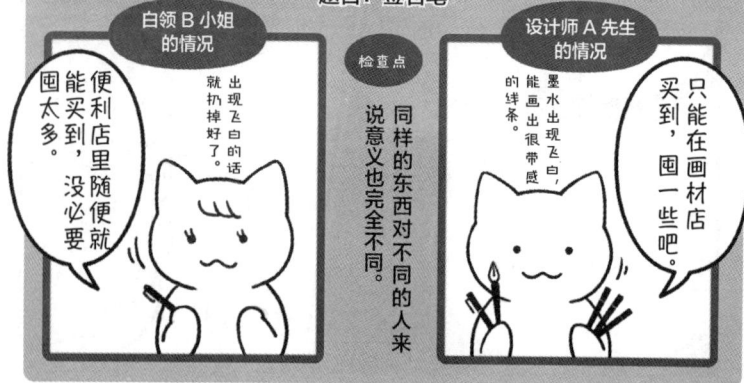

白领 B 小姐的情况

便利店里随便就能买到，没必要囤太多。

出现飞白的话就扔掉好了。

检查点

同样的东西对不同的人来说意义也完全不同。

设计师 A 先生的情况

只能在画材店买到，囤一些吧。

墨水出现飞白，能画出很带感的线条。

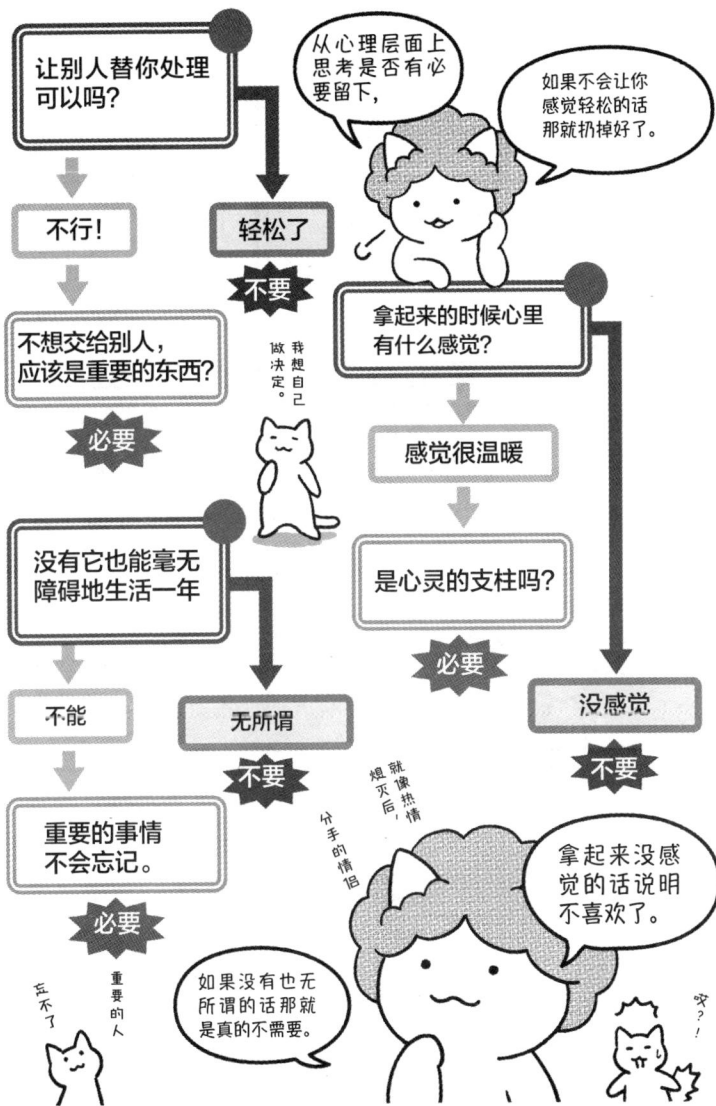

让别人替你处理可以吗?

从心理层面上思考是否有必要留下,

如果不会让你感觉轻松的话那就扔掉好了。

不行!

轻松了

不要

不想交给别人,应该是重要的东西?

拿起来的时候心里有什么感觉?

我想自己做决定。

必要

感觉很温暖

没有它也能毫无障碍地生活一年

是心灵的支柱吗?

不能

无所谓

没感觉

不要

不要

重要的事情不会忘记。

就像热情熄灭后分手的情侣

拿起来没感觉的话说明不喜欢了。

必要

重要的人

如果没有也无所谓的话那就是真的不需要。

啊?!

丢不了

015

纪念品

哇，这个好令人怀念啊！

但书上说就算把东西扔掉，回忆仍然会留在心中。

这个也得扔掉才行呢。

既然那么不舍得，还是留下吧！

可是那样就没办法整理了，很难办啊！

消沉——

果然还是扔掉吧……

那么重要的东西怎么能轻易扔掉呢？

怎么了？

书上说的那些话，完全是不负责任。

要扔吗？

如果是放在身边会让自己感到幸福的东西，没有的话心里也会产生空虚。

虽然断舍离很重要，但不要忘记你整理的目的是让自己能够幸福地生活。

016

人也是不知道什么时候就会死吧？

突然……

说的也是，不仅限于纪念品，

还有很多不舍得扔的东西……

但东西太多了，必须扔掉的时候怎么办呢？

在社交平台。

恋人送的东西可能会出现在二手交易网站上，自己的黑历史可能会以追思故人的名义被曝光

@pafe 家人留下的东西。Pafe 最后画的画。

呵？这是我被退稿的画。

♡10 ♡5

到时候收拾遗物的肯定是别人吧？因为自己已经死了，

我完全没考虑到事情的严重性。

颤抖

新·区分基准
死后想被人看见
死后不想被别人看见

如果觉得自己一死百了那就无所谓了。

确实有这种人，

一到关键时刻就会忘记东西在哪儿。

我总是买完之后才想起这东西放在哪儿。

我明白

原来在这里……

因为你喜欢剪刀。

啊……

明明知道的答案却就是想不起来？

你考试的时候是不是在收卷的瞬间才想起答案？

什么意思？

收卷子了。

啊！

确实……

每天都要用到的东西，你一下子就会找到吧！

你想不起来东西放在什么地方，并不是因为你放的位置不对，而是因为太紧张了。

伸手

钥匙

走出门了。

018

嗯！

所以试着让自己去适应或许是个好办法。

紧张感会因为习惯而逐渐减少，

忘记是件很可怕的事情

呜呜呜

之前因为忘记了重要的事情而被狠狠地训斥了一通。

冷静地思考一下自己为什么认为『忘记是件很可怕的事情』？

① 思考为什么可怕？

哎？

也没什么大不了的。

② 会造成什么困扰吗？

现在不会被训斥了。

③ 现在还会被训斥吗？

啊……

那没什么可怕的……

顺带一提，不记得昨天晚上吃了什么另当别论。

这只是普通的『忘了』，并不是什么上了年纪或者什么压力大。

你还是不够干脆啊！

哪怕是很旧的衣服或者不常穿的衣服，扔掉了仍然感觉有点可惜。

整理东西的时候，衣服是最难取舍的，

既然如此，不如试试衣服拟人化吧！

那是什么意思？

所谓衣服拟人化，就是将要整理的衣服拟人化。

这种方法既可以帮助你下定决心进行整理，还可以控制下次的冲动消费。

我第一次听说这种方法。

这是我原创的，

要不要试试看。

020

服一郎,闲置时间一年,衣柜时间七年。

嘿嘿……

一年没穿的衣服

首先是这件破破烂烂的T恤。

这设定不怎么好啊……

我曾经陪伴你去过很多地方,但现在你已经不穿我了。

闪闪发光

所以再见了,请再找更好的衣服吧!

升天

RIP

哇啊啊啊啊啊啊啊!服一郎!

服二郎,压箱底时间三年。已经三年连面都没见过了,就此别过吧!

再见。

服三郎,过时五年。我已经跟不上潮流了啊,再见吧!

服四郎、服五郎,不记得闲置多少年了。反正你已经有更好的衣服了吧?

我都知道。

我觉得其他的衣服更配你。

不用在意我。

衣服和纪念品之所以让人难以割舍，大多是因为感觉扔掉了浪费，或者舍不得。人际关系也是一样，要和一个人断绝关系，除非是两人之间的关系彻底无法修复，除了"断绝关系"之外再没有其他选择（东西的话就相当于彻底没用必须扔掉），否则你就会不好意思将"断绝关系"这句话说出口。之所以会有这种想法，并不是因为你觉得这样的分离是一种浪费或者舍不得，而是觉得自己主动提出"断绝关系"会产生一种"罪恶感"。在这种情况下（不管是人际关系还是整理物品），不妨试着找出自己的缺点，承认"并不是自己抛弃了对方，而是对方抛弃了自己"，这样可以更容易做到一刀两断。

不管是人也好还是东西也罢，无法割舍的主要原因都是"罪恶感"。

但像垃圾袋这样的东西，生来就是为了被丢弃的，所以每天扔掉也不会觉舍不得。

罪恶感吗？我确实在电影里看到过……

杀人狂的房间都十分干净整洁，不管是东西还是尸体都能毫不犹豫地扔掉。

喂喂

我并没有那么说，

这孩子真可怕。

嗯，好犹豫

啊……

怎么了？

处理自己买的东西时，罪恶感确实减轻了。

但别人送我的东西还是……

话说，

你送我的那件衣服，实在是跟我不太合适，

丢掉是不是不太好？

但我应该不会穿的。

哎？没关系，扔掉吧！

对不起！

我不是为了给你添麻烦才送你的。

你的心情我理解，还是要谢谢你。

这衣服年轻人穿还行。

你不喜欢吗？

大家都是这么想的。

你说的没错。

确实，

嗯,好难办,应该留下哪些呢?太难取舍以至于都没办法工作了。

纠结 纠结 纠结

还在因为整理烦恼吗?

你还真是个爱烦恼的人呢!

不只是整理,工作也好,生活也好,都充满了选择让人难以取舍。

很闲吗?

比如宠物猫,

好可爱啊!

喵~

怎么说?

啊,该喂饭了。

在这种时候就和无法取代的东西做比较吧!

喵~

没办法工作,

好可爱啊!
喵~!
不如跟我回家吧!

没有收入,

没办法继续养猫,

猫流浪街头。

好了不要再说了!
我不再纠结了!

在整理物品的时候，往往会因为该扔还是该留而苦恼。日常生活和工作中也会遇到类似的情况，比如不知道应该接下哪个工作，结果在迷茫和取舍中浪费了大量的时间。但实际上，当你考虑某件事物是否应该丢掉的时候，就说明这件事物并不是很重要。

在这种时候，我的方法是与"无法取代的东西"做比较。只要拿出自己的"王牌"，一切问题都将迎刃而解。对我来说，家人和宠物猫就是"王牌"。"我牺牲陪伴家人和猫的时间来烦恼这些事情真的有必要吗？"只要这样一想，我就不再迷茫了。不重要的东西丢掉了还可以再买，除了非常重要的工作，其他都可以不接。人生的时间是有限的，与其将时间浪费在不重要的事情上，不如花在无法取代的重要事情上。

你可能觉得和最重要的东西做比较有点太夸张了。

但是呢，人们往往因为一些小事导致失去最重要的东西之后才恍然大悟。

其实两者之间是有关联的。

就像电视剧里一边哭一边说"我最喜欢的人就是你啊"。

但一切都已经无法挽回了。

没救了。

喵。

你在说什么？

我说，你挑出来的那些『不要的东西』什么时候扔掉啊？

不要的东西

啊，我虽然挑出来了，但是不知道应该该怎么扔。

转头

不知道？现在网络这么发达还有什么不知道的？

呵呵呵呵

我上网查了，但感觉很复杂还很麻烦。

那不叫不知道，只是怕麻烦吧。

算了，我只是来帮你整理心灵的，别的不管。

转身

果然只是帮忙整理心灵……

但我觉得你之所以怕麻烦还是因为心理的问题。

回头

啊，果然有关系吗？

我明白了。

比如，搬家的时候，就要想办法扔掉很多东西，

因为搬家的时候心情比较兴奋，所以就算麻烦也不怕。

・社区无法收集处理的东西
・大型垃圾回收
・小型家电回收
・家电回收
・旧书回收
・未知的清扫知识

嗯嗯。

搬家的时候对改变自己以及身处的环境没有抗拒感，反之，如果不是特别想改变的话，就没劲头去做了。

啊，确实如此，我只是想把屋子稍微收拾得干净一点而已。

我要改变！

精力十足

懒洋洋

无精打采

现在也挺好的

薯片

不想改变的时候，可能是安于现状，也可能是因为疲惫而没有力气去改变。

或者是害怕改变。

哎？

心虚

可能有工作不能停下来，或者就是喜欢这种懒散的感觉……

啊，还有一种可能就是单纯的懒惰而已。

啊哈哈哈哈……

我可能是因为工作的关系吧？

或许全都有……

不知道应该怎么扔……

卖掉？扔掉？

检查点

绝大多数的东西都能卖掉，不过要花费一点时间和精力。

没用的东西可以在网上卖掉或者卖给回收者。如果有时间的话可以在网上用"物品名＋回收"作为关键词搜索一下。

基本上所有东西只要调查一下社区的信息就能扔掉。

※ 收集方法可能根据社区的不同稍微有一些差异。

垃圾分类

主要类别	不知道应该怎么扔的
可燃垃圾	可燃垃圾
不可燃垃圾	不可燃垃圾
瓶罐	瓶罐
塑料瓶	塑料瓶
食品包装塑料袋	食品包装塑料袋
废纸	废纸
纤维	纤维
有害垃圾	有害垃圾
小型家电	小型家电
大型垃圾	**大型垃圾**
家电回收	**家电回收**
电脑	**电脑**
社区无法收集处理的东西	**社区无法收集处理的东西**

以下垃圾需要请专人处理并缴纳一定的费用

家电回收

①让销售店铺回收处理
②自己送到指定场所
③委托社区的专业回收者

※ 都需要缴纳一定费用

大型垃圾

给大型垃圾处理中心打电话
（有的社区也可以网络预约）

社区无法收集处理的东西

　　详细内容请参考社区的回收须知。
　　难以分解处理的垃圾、有爆炸和火灾危险的垃圾、有毒有害的垃圾、事业活动产生的垃圾。

※ 处理方法和回收方法根据垃圾的种类各不相同

电脑

①由生产厂商回收

②放入设置在公共设施处的回收箱

③委托民间回收者（收费）

哇！

上述方法之外的处理方法

检查点

利用废旧品回收者

　　废旧品回收者中有一些没有许可擅自回收废旧品的人，他们会在回收废品后要求你支付高额的处理费用，引发不必要的麻烦。
　　一般情况下，选择社区许可的废旧品回收者最为安全。在将家庭垃圾委托给民间回收者的时候，一定要确认对方是否持有行业许可证。此外，收购废旧品还需要有营业执照。

啊，这个，虽然不想要了但好像还能用。

是之前买的咖啡机

不要

要

要。

不要。

要。

不要。

要

不要

我说你啊！

啪

啊，这个好像也能用。

这个……

还有这个……

要

虽然还能用但不会用的东西，

就应该扔掉。

记住了吗！

虽然用起来很顺手，

但我几乎不用……

怎么说呢，用的时候没什么感觉吧！

随便。

这个你不要的话我就拿走了。

为什么不用？

咖啡机

什么意思？

不用的餐具就像倦怠期的夫妇。

反而是这个马克杯，用起来有点别扭，

但会让我感觉好像在咖啡店里一样心情舒畅。

呵呵

那是谁呀？

轻巧

非很喜欢♡

虽然在一起没什么问题，但心里已经没感觉了，

这种时候就应该分手。

这杯子你不要的话也给我吧。

难道就没有可以轻松地断舍离的方法吗？

收拾东西太麻烦了。

真是个懒蛋。

叹气

除了无可取代之外都扔掉如何？

就算换一个相似的也不行吧。

别想打它的主意。

比如猫。

拿走

不行！

喵～

就算是必要的东西，也可以再花钱买回来。

除了无可取代的东西，必要的东西也扔了？

？

人生中无可取代的东西少之又少，其他的就算没了也总有办法再获得，

其他的东西就算扔了也有替代品。

不管是人还是物，如果只是从必要和不必要的角度来看，总归有替代品。

不过呢，即便相似，终究也还是不同的。

我以前经常把书堆积在地板上。

现在也堆在桌子上和箱子上啊！

因为害怕会落灰和发霉，所以就不堆在地板上了。

但有蜘蛛网。

堆积的书本就好像被根本不打算离婚的男人玩弄的女孩。

可怜

啥？

没地方放，也从不阅读。明明没有感情却还不放手，

TABUN SOITSU

就好像用花言巧语欺骗女孩让她成为自己的玩物

下个月或者下辈子，我一定会和妻子离婚的。

骗人！你上辈子也是这么说的！

这样的家伙，不觉得很渣男吗？

我知道了，这就去收拾，把她们从诅咒中解放出来。

又是这样。

不要再用这种奇怪的比喻了。

我在电视剧里看到的。

买下就会心满意足的东西

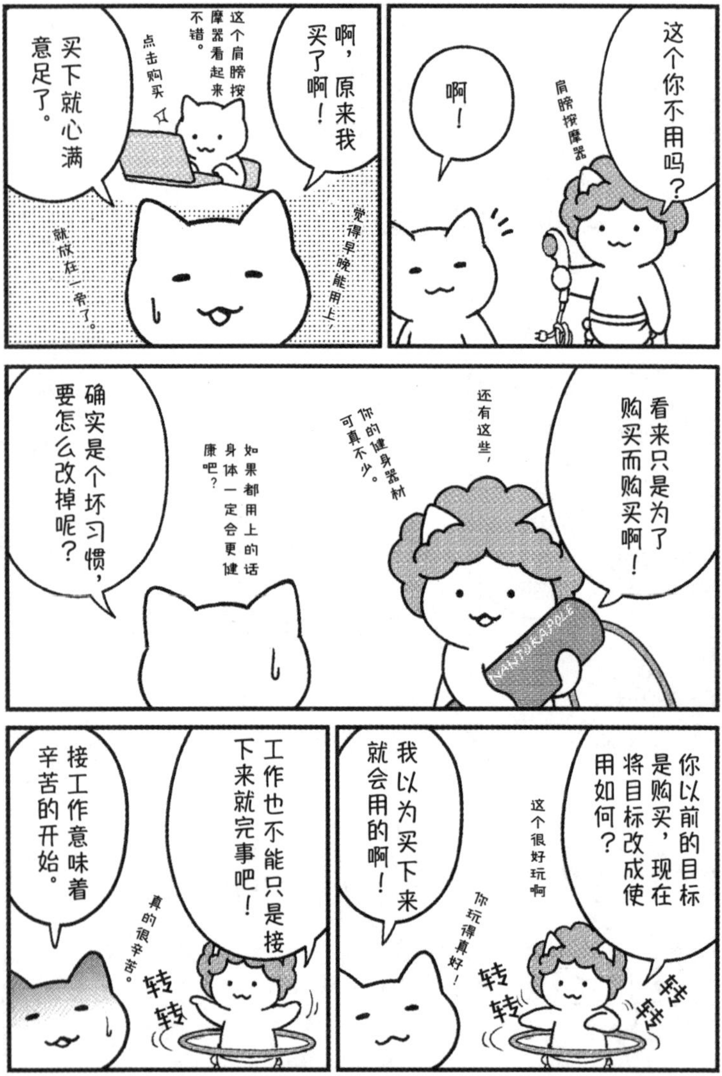

你有没有买来之后一直也没用过的东西？

我有很多这样的东西，大部分是健身器材比如瑜伽垫什么的，以为只要买下来就会用，但实际上买回来就从没用过……买之前倒是研究了很长时间而且也充满了干劲（苦笑）。虽然这些健身器材只有坚持使用才能瘦下来，但我好像只在购买的时候获得了满足感。

日常生活中也有类似的例子。比如喜欢某个人，以"告白"为目标和以"一起幸福地生活"为目标，最终的结果完全不同。告白成功之后相处了一段时间又分手的例子很常见，这大多是以"告白"为目标的情况。如果是以"一起幸福地生活"为目标的话，告白之前一定会更加慎重地思考吧！如果感觉事情进展得不顺利，可能是因为设定了错误的目标哦！

别人送的点心又没来得及吃就过期了。

难过

真浪费啊！

啊，一个人生活这也是常有的事。

别人一片好心送的也不好意思拒绝。

最近家里人也在减肥，没办法帮我分担。

喂喂，早饭每天都吃点心吧。

但我一个人再怎么努力也吃不了多少。

努力咀嚼

光吃点心会把身体吃坏的。

真让人担心啊！

一般来说，别人把东西送给你的时候就已经达到目的了。

但是……

罪恶感应该也有保质期吧！

得到别人送的礼物应该高兴才对，如果留下不愉快的回忆岂不是得不偿失，

不如让感激的心情一直保留下去。

借来的东西

因为一直也没机会见面，
所以到现在还在我手里。

啊！那天我有工作。
对不起那天非有事。

趁这个机会把这本借来的书还回去吧！
赶紧还给人家啦！
正好家里也没地方放。
你都看些什么书啊？
BとL

干脆发快递好了。
发快递要花钱，而且对方会怎么想呢？
没又要那么夸张吧？
人家也不好意思催你还。
确实……
好像自己很小气一样。
快了我也说不出口。

既然人家爽快地借给你了，那你还的时候也要痛快一点啊！
如果把还东西看成是报恩，那邮费算得了什么？
作为答谢，我再邮一盒点心吧！
嘿嘿。

039

等一下，水和应急食品不要扔掉。

不整理不知道有这么多，真是吓了一跳呢！

以为早晚会用到，囤的东西可真多啊……

认真地说

最少也要留下足够三天应急的水和食物。

在无法立刻得到物资和水补给的时候就能派上用场了。

但一直留着也太占地方了。

我买太多了。

水

现在如果发生重大灾害，电力最长要一周才能恢复，煤气要用一周到五个月，水则需要三天到一个月。

不管房间整理得多么干净，如果人死了岂不是毫无意义。

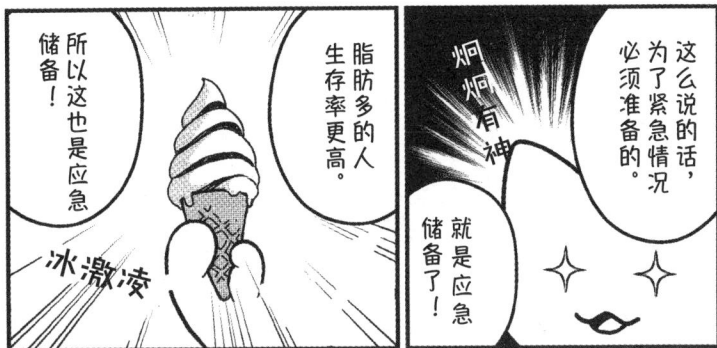

这么说的话，为了紧急情况必须准备的。

炯炯有神

就是应急储备了！

脂肪多的人生存率更高。

冰激凌

所以这也是应急储备！

应急储备，完全是为了应对紧急情况。

嘿嘿嘿……❤

我舔我舔

那种储备到了保质期就得更换吧。

应急储备也要定期更换。

……

不控制体重的话，没等灾害来临就先病倒了。

昂贵的衣服

便宜的衣服处理起来还容易点，

好紧啊

颤抖

西服和晚礼服等衣服价格昂贵，

而且参加婚礼的时候还能穿……

拉链卡住了

还能穿

你啊……

打算穿着这么不合身的旧衣服去参加好朋友的婚礼吗？

难以置信

又不是去参加葬礼。

哇！

除了灰姑娘，谁会突然被邀请参加宴会啊！

深受打击

……！

真的——

哇——

不是衣服变小了是你变胖了。

一针

见血

042

有些衣服不常穿。比如为了参加宴会或者婚礼、葬礼等场合买的衣服，这些衣服普遍价格昂贵，但绝大部分时间都被收在衣柜里。葬礼因为大多是突发情况，所以没有合身的衣服倒是有情可原，但婚礼和宴会大多会提前一个月左右通知，完全有足够的时间给自己选一套合身的衣服。类似的情况在人生中还有很多。明明已经不喜欢打网球了，但一想到花了那么多时间和金钱学习，就不舍得退会。明明知道在这个公司继续干下去也没前途，但考虑到辞职后又要重头开始就不敢辞职。这样就好像穿着不合身的旧衣服去参加宴会。就算浪费钱，但与留着不会让自己感觉幸福的旧东西相比，爽快地买新东西更有好处。

曾经花费大量时间或精力才得到的东西，如果要淘汰掉换个新的可能会让你感觉很浪费。

但如果继续保留这个不能给你带来幸福的东西，

就是对人生的浪费。

来历不明的东西

嗯，这是我买的？
家里为什么会有这种东西？
这上面印的人物是谁啊？
家里有来历不明的东西吗？
就像家里有个陌生人，
啊……
很可怕吧！
快扔掉！
太可怕了。
毛骨悚然
可能是一时兴起买的东西吧……
搞什么嘛，原来是爸爸。
哟~

以前我大扫除的时候总是会发现一些莫名其妙的东西。回顾我过去的人生，类似的情况很常见，有些事情记得很清楚，有些事情却完全不记得。不过那些被我遗忘的事情都有一个共同点，就是几乎很少被想起。

比如你还能记得小学时课堂上的内容吗？坦白地说，我是一点也不记得了，但我能记住加法、减法、乘法、除法以及九九乘法表。因为这些数学知识在日常生活中总会用到。但小学时的其他事情基本都忘记了。大概是因为小学毕业以后，那些事情在日常生活中就很少用到的缘故吧。不经常被回忆起来的事情，就很容易被遗忘。所以，要想不忘记某件事或者某个人，就要在日常生活中时常地提醒自己想起它或他。

就像房间不经常打扫就会变脏一样，

事情如果不反复提醒就会忘记。

不会，我只要记住了就不会轻易忘记。

那把你家之前固定电话的号码说一下，从区号开始。

是什么来着？

哎？

045

"来历不明的东西"，其实是对自己现在的生活来说没有用处的东西。我曾经有过和以前关系不错的人时隔多年之后又见面却彼此都想不起对方名字的经历。明明以前两人一起度过了非常快乐的时光，但就是怎么也想不起来名字。这可能是因为自从分别之后，我们都有了新的生活和成长，所以完全没有记住当时回忆的必要。生活方式发生改变之后，每天需要重复记住的内容也会随之改变。

　　我在想要忘记不愉快的事情时也会使用这个方法。每次想到不愉快的事情我就立刻开始做一件毫无关系的事情，于是我就很少再想起不愉快的回忆，即便想起也不会感觉太难过。如果想通过反复地想起来加深记忆，那不如记住一些愉快的回忆吧！

第 **3** 章

LEAVE

保留

重要且必要的东西

终于整理完了，把这些要留下的东西收起来吧。

等一下，

接下来要做的事才是重点！首先把这些东西再检查一遍。

好沉

哎，还要检查？好麻烦啊……

哎……

你的房间之所以这么乱不就是因为以前怕麻烦导致的吗？

认真地过每一天，身边就会留下重要的东西。

惭愧

反过来说，

稀里糊涂地混日子，身边乱七八糟的东西就越来越多。

一针见血

048

什么东西对你来说是重要且必要的？可能很少有人思考过这个问题。但通过认真地思考这个问题，或许能够极大地改变你的生活态度。如果知道什么东西对自己重要，就会下意识地去珍惜，但如果不知道的话，就会在无意间使其受到损害，甚至失去。

不管是物品也好还是人际关系也罢，如果不适时地加以维护，迟早会出现裂痕甚至损坏。有时候真正重要的东西就在我们身边，而我们却没有发现。认为这只不过是理所当然的事情，没有给予足够的重视。比如亲密的朋友或者恋人，以为对方不会轻易离开自己，结果愈发地不去珍惜，最终分道扬镳……这样的情况很常见。究竟是"重要"还是"不重要"，完全在于我们自己的选择。

家人和恋人这些应该认真对待的人，结果却没有重视。

仔细地想一想真是可怕，明明应该更加认真地对待真正重要的人。

有些事太习以为常，就容易遭到忽视，

但如果不重视的话，任何东西都会出现裂痕甚至损坏的。

保留的意义

真的好麻烦

保留和区分究竟有什么不同啊？

在之前做区分的时候，放在『留下』箱子里的东西不就是保留吗？

留下　不要

我问你，

心理准备？

你做好将这些东西永远留在身边的心理准备了吗？

『保留』指的是今后一直留在这里。

你发誓，不管健康还是疾病，贫穷还是富有，都愿意守护这些东西吗？

啊，考虑考虑让我再

好沉重

050

选择保留什么非常重要。"保留和丢弃"的选择换做人际关系就是"喜欢还是讨厌"，如果选择保留，就意味着"我喜欢这个人，希望一直和他在一起"。如果身边保留的都是重要且必要的东西，那么每一天都会认真地过。但如果身边保留了一堆乱七八糟的东西，那么每一天就会稀里糊涂地过。换成人际关系也一样，身边陪伴着重要的人和身边都是乱七八糟的人，人生肯定会大不相同吧。所以不管是人还是物，必须认真地选择应该保留什么。

"你真的要保留这个吗？"

"是的，至死不渝。"（物品的话就是用坏为止）

能做出这样选择的人生一定是幸福的人生。选择重要的东西并且认真地度过人生，一定比忍受乱七八糟的人生幸福得多。

身边只保留真正重要的东西，

就不会因为该扔还是该留而烦恼。

确实，每天都要思考怎么扔东西压力很大，

就像每天想着离婚会让人身心俱疲一样。

嗯嗯。

之前也有过这样的情况，我并没有那么说。

这孩子真可怕。

整理太麻烦了。

干脆把这些书都扔了吧。

烦躁

就这样一口气地。

等一等，

收拾得很干净啊！

《圣经》还是留下比较好吧。

《圣经》？

就是能给你的人生带来影响的东西。

如果对人际关系感到疲惫，可能想和所有人断绝关系。

但是呢，

如果和会给你的人生带来帮助的人断绝了关系，一定会后悔的吧。书也一样。

嗯，在哪来着？

找什么呢？

倒柜

翻箱

之前整理的时候，有件衣服我放到不要的盒子里去了。

是件外套。

但现在这个季节不冷不热的，那件衣服刚刚好，穿

整理后没有立刻丢掉真是太幸运了。

咦，回事？

我记得在这里看到过。

翻箱

倒柜

确实如此。

翻箱

倒柜

是这个吧！

我找到了。

啊！就是它。

这就是真正必要的东西。

这个杯子因为很喜欢才留下来的，要不要扔掉呢？

虽然好像在咖啡店里一样

以后或许还会遇到让我心动的杯子吧。

冒昧地问一下，你什么时候会去谈恋爱？

大白痴！

哎？

不想一直孤身一人的时候？

哈哈哈

哎，恋爱？一个人感觉寂寞的时候？

以为心动的东西只要找就能找到的想法是大错特错！

愤怒

恋爱和心动的感觉不是想要就能有的。

啊，为什么有这么多东西都想留下来啊！

叹气

如果真的很重要，留下来也没什么不好啊！

可是……

假设一个人有三个朋友，另一个人有三十个朋友。

这样东西就没有减少。

如果说有三十个朋友太多了，只能留下三个朋友，你怎么想？

限定3名

这不是数量多少的问题吧？

如果对你来说重要的东西很多，那需要保留的东西多也很正常啊！

并不是说东西越少越好，应该改变这种错误的观念。

055

对了，我们家的爸爸是秃头。

但对自己来说很重要。

对别人来说是垃圾，

为什么突然说说这个？

起象中的爸爸

而且休息日的时候，他也天在家里一躺，耽误我打扫房间。

在别人看来，他可能和垃圾没什么两样，

让个地方。

老头子。

但我是绝对不会把他扔掉的。

所以说，你也要对自己喜欢的东西更有自信才行。

嗯！

对每个人来说，重要的东西各不相同。从小就一直陪伴着自己的旧玩偶，喜欢的人送的玩具戒指……即便是乍看起来像垃圾一样的东西，但对有的人来说却是无可取代的宝物，任何人都没有权利要求"丢掉"。

人际关系也是如此。"喜欢和讨厌"都是个人的想法，自己觉得不好相处的人，可能和别人相处得很融洽。让自己吃过苦头的人，可能对别人来说是良师益友。绝对不要打着"我都是为你好"的旗号，根据自己的经历去强迫别人也和他断绝关系。有权做决定的只有当事人自己。即便在别人眼中看来是垃圾也没关系，谁也不认可也没关系。只要是对自己来说重要的东西，那就是你的宝物。

区分心动之物的方法

将心动之物保留下来

不要的东西 → | 保留的东西 →

没什么感觉

拿起来的时候

喜欢 心动

真幸运

省得我自己动手了。

被别人拿走不还的时候

天呐 还给我

真是最近小偷多啊。

艾

完全不在意

被偷走的时候

珍贵的玩偶被偷走了，我正在寻找。地点在某市的车站内。有谁发现的话请联系我。

不要的东西对待起来也是马马虎虎。

嗯嗯。

重要的东西是独一无二，无可取代的。

新的更好。

好啊！

用新的交换时

不行。

不能换

还是新的呢！

羡也有啊！

别人拿一样的东西向你炫耀时

嗯……フン…

这是独一无二的。

哎？

再不会买了。

想再买一个吗？

无可取代

保留的理由

这个多士炉很贵，留下吧！

虽然我已经有烤箱了。

用烤箱吧。

不用的东西放在家里占地方，房价也很贵的。

家电这种东西很快就会过时，价格也一落千丈。

很贵的电风扇

书籍不好好保管会生虫和发霉的。

很贵的书

TUNDOKU

被虫蛀过的书跟垃圾没什么两样，家电越旧处理起来就越麻烦。

保留的理由是……

没有理由的话就干脆地扔掉吧！

060

这件花大价钱买的衣服等我瘦了就能穿，得留着。

我之前看过的书说，这相当于给自己设定了一个目标，所以可以留着。

你想留就留着呗。

你自己决定吧。

不过，

好不容易瘦下来，

谁还愿意穿旧衣服呢？

那倒也是……

妈妈我要是瘦下来，就买当下既时髦又适合自己的衣服穿。

061

努力回忆一下都什么时候穿过这件衣服。

没

痛苦的回忆

当你不舍得扔这件衣服的时候，

哈哈哈

呵呵呵

美好的回忆

让你回忆起痛苦事情的衣服，就是倒霉的衣服，

这样的衣服可能会招来厄运哦！

果

断

当实在舍不得扔某样东西的时候，不妨试着改变一下判断方法。我有很多衣服和饰品，我会将穿戴这些衣服和饰品时发生了好事还是坏事作为依据，把衣服区分开，如果两者皆不是的话就暂时留下。这样一来还真是回忆起不少事情呢。比如"每次穿这件衬衫都会下雨""自从带了这串念珠后，来了很多工作委托"，等等。如果回忆起来的全是倒霉事，那就果断把这个东西扔掉。不知为何，这样一来心情也变得舒畅了。

还有一个秘诀，我会把中意的东西留在快乐的出行日里穿戴，而犹豫着要不要扔的东西则放在可能会遇到麻烦事的日子里穿戴。也就是自己来决定今天的运气。这样一来我会愈发珍惜给我带来好运的东西，不舍得扔的东西也能更容易地放弃。

再次仔细想想特别想保留的东西，

我自己也吓了一跳，怎么这么少。

特别想保留的重要东西其实只有那么几个，是深深印在脑海里的。

因此既不会找不到也不会弄丢。

这本书关于『保留』的内容也很少。

我不知道这里该不该吐槽。

嘘，秘密。

似乎是为了强调应该保留的东西很少而故意删掉的。

提到"特别想保留的东西"，你能想到几个？

既然"想保留"，就必须知道是什么样的东西以及放在什么地方，如果是想一直留在身边的重要的东西，那就必须时常保养护理它。你身边有多少"觉得很重要，不论什么时候都知道它放在什么地方，并能时常保养护理的东西"呢？

真的很重要的想保留下来的东西其实远比"无所谓的东西"或"两者都不是的东西"要少得多。这个道理也适用于人际关系。在你身边有多少是"真正重要的人，无论什么时候都想在他身边的、常常联络的人"呢？无论是人还是事，当你敷衍对待的时候就会产生很多不必要的事情。不必要的事情增多了重要的事情就会被埋没。最终你就会

当然也会一直保留。

总是在这里

总是知道放在什么地方，

非常重要！！

认为重要的东西，

你就只留下了猫和绘图板。

别的都不要了吗？

陷入想找什么都找不到的境地。如果你身边净是些"无所谓的人"或者"哪种都算不上的人"，就要多加小心了。比如因为忙于工作而疏忽了你的家人或者恋人。然而你努力工作正是为了他们，这不就是本末倒置了吗？

话虽这么说，但整理人际关系是最需要勇气的，即便你意识到"这个不需要了"，但人毕竟不是物品想扔就扔。所以应该先从"物品"开始断舍离，而不是从"人"开始。物品相对比较容易舍弃。我们每天的行为会形成习惯，当你过着"减少多余的只保留重要的物品"的生活后，就会渐渐养成保留"真的想和他在一起（想保留的东西）"的习惯。为此我花了 5-10 年的时间，现在我的房间和我的人际关系跟以前相比变得清爽多了。因此不要着急，多花点时间又有什么关系呢？贵重物品的收件人是未来的自己。

第 4 章

THROW AWAY

舍弃

这回终于可以扔了吧。

好，这就开始干。

我已经想好留哪个了，

嗯嗯

垃圾袋

沙沙沙沙

我知道。

放手吧。

千万不要着急哈。

东西扔了就回不来了，一定要谨慎小心。

垃圾袋

注意这可能是你内心发生了某种变化。

以前不舍得扔的东西，如果现在能扔了的话，

扔东西能让你更了解自己，丢弃的方法和丢弃的物品都能反映你现在的心理状态。以前不舍得扔的东西现在可以了，以前能扔的东西现在不舍得扔了，这是因为你的内心发生了变化。这种变化可能是成长也可能是退化。但是我认为这是改变自己的机会，无关好坏。

比如，少年漫画中一个一直以来冷酷无情的角色在战斗中帮助了自己的同伴，这时他多了一个"无法舍弃的东西"，但同时也正因为他收获了"值得守护的重要东西"而得到了成长。相反一个非常软弱的角色，当他开始反抗自己一直以来都害怕的对手的时候就是"扔掉了软弱"，收获了勇气。

看看跟以前的自己相比，现在什么能扔，什么不能扔，也许就会发现自己的改变。

可爱的垃圾、不可爱的垃圾

070

用正确的方法丢弃危险物品

请根据各个地区的规定丢弃垃圾。

丢弃刀具的时候要先用纸将其包好，再写上内容名称。

丢弃喷雾罐的时候要将里面的喷雾用光。

菜刀

有必要搞得这么细致吗？

绝对有必要。

真麻烦！

就像我们要注意远离那些有危险的人，

因为一不注意，某些人就可能×××，对你×××××，把你×××××。

打码的地方好吓人啊！

能写出来的事情绝大多数不可怕。

越是不写出来才越可怕呢，你得小心啊！

071

处置办法多种多样
选择适合自己的方法

丢弃·转卖·转让·捐赠

通过垃圾回收丢弃
〈优点〉
不需要花钱
每天减少一点点
〈缺点〉
费时间
有些物品不能扔

委托社区的指定单位来回收
〈优点〉
不用担心违规丢弃垃圾问题
〈缺点〉
费钱
需要提前咨询
处置的方法多种多样

委托私营废品回收公司
〈优点〉
什么样的东西都能扔
可以一次性丢弃大量物品
〈缺点〉
费钱
要警惕无德商家！

网络拍卖

〈优点〉

什么品类的物品都可以卖

有些物品甚至可以卖出高价

〈缺点〉

费时间

要办理邮寄手续，麻烦

挂上去了☆

咔嚓咔嚓

要卖的东西

委托商家收购·送货到店

〈优点〉

可以轻松简单地处置物品

有些物品甚至可以卖出高价

〈缺点〉

可能卖不出去

有些物品商家不收购

收购

其实您不用亲自送货，邮寄过来就行了。

呼呼气喘

啊

在跳蚤市场卖

〈优点〉

什么品类的物品都可以卖

〈缺点〉

摆摊需要花钱

需要花费精力接待客人、布置摊位

有些物品卖不出去

卖不出去吧。

还有签名的纪念品。

这本书上有签名哦。

你好。

库存

库存

具体内容可以上网查询。

鬼鬼祟祟

库存

还可以转让给身边有需要的人，有些物品也可以捐赠。

可以卖的时候、不可以卖的时候

什么都扔掉了，真是太可惜了，我把它们卖了吧！

比如在〇鱼或者〇转上卖掉。

咔嚓咔嚓

我觉得这些还是扔了的好。

你平时就像小仓鼠一样什么都囤，

这要是都能卖了的话，你还不得变本加厉。

必须得留下点儿惨痛的回忆，才能让你切身感受到浪费是不对的。

嗯嗯。

你可别像那种与废材男友分手后，没几天又被同款男人吸引的女人一样，一次又一次地犯错。

嗯嗯。

你说得对。

我认为物品有可以卖的时候也有不可以卖的时候。如果你是平时不乱买东西的人，那么在整理物品的时候找到的不必要的物品可以拿去卖掉。但是如果你是平时乱买东西的人，恰巧一次偶然的机会将不要的物品卖出了高价，你就会想"这不是能卖出去嘛"，以后会更加频繁地购买不必要的物品。因此这样的人需要将不要的物品扔掉，给自己做个了结。

这就像心里明知道"与这种类型的人恋爱很累"，但是因为没有留下什么痛苦的回忆就分手了，以后还会再找相同类型的人恋爱。同理，如果这件物品没有给你留下痛苦的回忆，你就没办法彻底放弃。

"我真是太浪费了""都怪我才浪费的"，这种心情会阻止自己再次购买不必要的物品。不要被过去的回忆束缚，往往在彻底放弃之后才会有新的邂逅。

能卖的话还是想卖，这就是人性。

啪啪 啪啪

因为，因为……

如果你有那个余力的话就随便你吧。

余力？

当你走投无路的时候是不是想把什么都扔下赶紧逃跑？

嗯，确实是。

认为不必马上去做什么事的时候，就是心有余力的时候。

明天再干就行。

截稿一周之前

截稿当天

但是，真的到了心无余力的时候，做什么都无法专心其中。

所以最好趁还有余力的时候把事情做完。

嗯。

截稿日、截稿日、截稿日……

扔东西时免费不行吗？

啊——

喵——

扔东西时还要花钱岂不是没法扔了。

买东西的时候已经花了很多钱了，

当然不行了，别人既花时间又花精力帮你扔东西。

顺便说一下那个麦克风的分类属于小型家电。

如果你是处理垃圾的工人，让你免费干，你愿意吗？

不愿意……

就是嘛！

嗯，现在偶尔也能遇到。

以前好像有免费回收家电的卡车。

家电回收费用太高了。

处理大型家电真的太费钱了，

收据

《消费者权益保护法》

消费者的权利

享有知悉其购买、使用的商品的真实情况的权利。

啊？

原来还有这种行为！？

经营者的义务

提供的商品信息，应当真实、全面，不得为虚假信息。

以前有些人将免费回收回来的家电改装成全新的，然后当成全新的进行售卖。

这种以次充好的行为是触犯法律的。

但是委托免费回收的话，一定要小心哦。

嗯？

所以如果有人跟你额外多收钱，

或者只收很少的回收费，然后进行非法丢弃……

太可怕了。

所谓的免费，可能是翻新组织，因为免费回收肯定是赔钱的。

谁也不能靠喝西北风活着啊！

哈哈哈

处置大型家电很费钱。家电回收法规定回收大型家电以及将其搬运到指定回收工厂必须收取费用。另外，对出口海外的二手电器的限制也越来越严格。2019年就已经这么严格了，我想今后只会越来越严。因此，如果回收企业还像以前那样免费回收的话毫无疑问肯定是干不下去的。虽说现在是免费就能获得各种信息的时代，但事实上真的是免费的吗？那可不一定吧。免费 app 看起来是可以免费使用的，但代价就是对方会获得你的登录信息，你也要接受对方的广告宣传。免费的电话套餐虽然不花钱，但往往存在捆绑消费，而且如果在没有 Wifi 的环境下通话过多会产生通话限制。

一味地追求免费服务，就像别人让你免费工作一样（苦笑）。

你要是那么想要什么都免费的话，

你先自己免费工作吧！

黑Γ　老妈

这也是一种判断的方法。

嗯嗯。

这个显示器作为备用先留着吧！

一想到要花钱才能丢弃，现在不扔也行。

就算花钱也会想要处理掉。

特别想扔掉东西的时候，

现在真的好幸福啊！

世界真美好啊！

花点钱就能解决的话真是太简单了，当你有这种想法的时候再扔也不迟。

人家是只正经猫吧……

在我还有精力的时候先把这些卖了吧！

奇怪？

从上周起就开始卖了吧，怎么这些东西还没卖出去？

你呀，

如果降价的话应该能卖出去，但是也有比我这个更贵都卖出去的。

如果放到〇鱼上卖的话，我得准备外包装。

如果不介意价钱的话，在〇转上卖就行。

你是想要赚钱？还是想收拾整齐？

啊，原来我正在收拾东西呢！

简直是本末倒置。

是想收拾整齐？还是想卖呢？
哪一项优先？

快点收拾整齐 or 能卖的都卖掉

> 我反对！
>
> 所谓的收拾就是一味地减少物品，完全没有成就感！

优先选择卖出去

能卖出去的
卖掉之前，物品会一直留在房间里

卖不出去
因为卖不出去，所以会一直留在房间里

筛选过后要保留的
不卖的物品会一直留在房间里

➡ 卖不出去的话，物品就不会减少

○不着急收拾或者收纳空间还有空余的情况下可以优先选卖，因此获得些许成就感也是不错的。

想快点收拾整齐的时候

没有收拾的时间
房间没有空闲
宁愿花钱也想丢弃
只要收拾整齐哪怕赔钱也行
手头宽裕

能卖的话还是想卖出去的时候

有很多空闲时间
有很多空余空间
不想轻易放手
不想损失
缺钱

为什么总想着要赚钱呢？

我反对！

优先选择收拾整齐

不用花钱就能丢弃
扔了，所以物品减少

花钱才能丢弃
扔了，所以物品减少

筛选过后要保留的
保留你想留下的

➡ 除了想保留的物品外，物品的数量明显减少

○非常强烈地想要收拾的时候，或者没有收纳空间，这时可以优先选择收拾。

扔东西后真是心情舒畅啊！

啊哈哈哈

要不干脆朝着极简主义者努力吧！

你想朝什么方向努力是你的自由，

但现在心情舒畅不是因为你扔了东西，而是因为扔了垃圾。

我认为真正重要的物品能丰富人的心灵，即便拥有很多也无所谓。

否则我早把老爸扔了。

发呆

084

扔东西后心情舒畅是因为把垃圾扔掉了。将自己不需要的东西、占用了多余空间的东西、没用的东西扔掉后心情格外舒畅。相反，如果不小心将有用的东西扔掉则会感到非常后悔。在人际关系上也是，如果讨厌的人离开了你，你会变得轻松，而失去了喜欢的人就会感到伤心。

比如在搬家的时候，一直在收拾东西就很容易进入"收拾状态"，因为身体已经很疲惫了，所以变得比平时更容易扔东西，"扔东西＝快乐"，不知你有没有过类似的情况。反正我有过。但是过一段时间心情稳定后就会发现少了一些生活必需的东西而后悔。如果不小心扔掉的是物品还好，如果是人际关系的话就麻烦了。扔不是目的，扔东西是为了给重要的物品腾地方。

啊哈哈哈！

太麻烦了，全都扔掉后清爽多了。

一周后

我一把剪刀也找不到了，你知道在哪吗？

收拾过头了

这样下去你以后啥都找不到了。

085

自己不需要的东西，别人也不需要

扔东西时最能减轻罪恶感的方法就是"找一个接收者"。如果有人愿意接收自己的物品那么作为丢弃者而言心情会非常轻松。而且还有种做了好事的感觉，从而更容易放手。这样一来"扔"就变成了"转让"。但是，这个方法仅限于对方真的需要这件物品的时候。比较常见的就是，人家根本不需要，而你却强迫人家收下。

大家都很难拒绝来自亲近之人的委托。突然被问到"要吗"，心软的人就会说"要"。而且从别人那里拿回来的东西很难丢弃。因此，事前观察一下对方的反应比较好。当聊到扔东西的话题时，如果对方想要，大概会说"太可惜了""给我吧"。如果你本意不只是想把不要的东西给对方，也想将自己的罪恶感强加于别人，这会影响你的人际关系，一定要多加小心。

可能也有人想要？

就是嘛，那这个你要不要？

不要。

推荐

话虽这么说，

偶尔也会有人想要你不要的东西。

偶尔吗。

偶尔。

谈到扔东西的话题时，

如果是想要的东西的话，会表现在脸上。

这个游戏机不想要了。

果果

NYA MICON

哎，真的吗？你不要了？

情况？

不要一上来就问要还是不要，先要看对方的情况。

失落

又搞砸了

如果强迫的话，有些人可能本不想要但是也被迫收下了。

对方收下你的物品会让你减轻罪恶感，但是不要忘了，被强迫收下你物品的人就会代替你承担这份罪恶感。

如果扔的话，可能也有人想要？

欲望不由自主地出现，我又买东西了。

因为是限定商品

啊啊啊啊啊

这种肤浅的想法真的很烦人。

这不是经常有的事儿吗？

手办

我要把欲望都扔了！

应该更加禁欲才行！

错的是商家！

难道你想当圣人？

欲望也好，肤浅也好，都没什么错。

有何不可？!

喵～

啊啊

与其舍弃欲望，不如先扔掉你的自尊心吧！

当你丢弃了不必要的物品，整理好房间之后，仍要忍住不买自己喜欢的东西，那得多难受啊！

089

在收拾的过程中也会遇到想买的东西。现在无论是逛街还是上网浏览，都会获取各种商品信息的时代，有时就会忍不住想买。我认为这时不应该责备自己是"没出息的家伙"，冷静地想一想，自己是什么时候开始变成禁欲系圣人的？大概是在整理的过程中扔了太多的物品从而导致过度膨胀，莫名其妙地变得自尊心很强，认为"我当然能控制自己的物欲"。但我觉得无论什么时候都可以拥有"欲望"。如果是出家后大彻大悟的和尚那另当别论，但是如果想完成什么事情的话，首先必须要有"欲望"才行。比如期望和平，如果谁都不需要和平的话那永远也不可能拥有和平。因此，与其舍弃自己的欲望，不如先扔掉自尊心。

这样我都不好意思跟人家说我正在收拾。

啊

啊

啊

不行不行，我就是控制不住自己的欲望，好惭愧啊！

如果没有欲望的话，也就没有想收拾的欲望了。

你懂啊

说什么呢？

第 5 章

RELY

依
赖

嗯……

怎么了?

朋友说要帮我收拾东西,

呵呵

我在想到底可以让他帮我多少呢!

有点不好意思。

总觉得！

她总找我帮忙。

你,真是麻烦

不好意思

啊！

莫非她把我当成了便利男?

如果他来找你帮忙的时候,你能帮他多少就让他也帮你多少好了。

当你帮助了别人,却得不到等量的回报时,就会对双方的关系产生疑问。

同理,别人帮助了你,如果不给予回报就会心存内疚。

总找我帮忙。

没关系,不要放在心上。

你不会讨厌我吧?

因此无论是找人帮忙还是找人借钱,最好先看看自己有多大的偿还能力。

啊呵呵

太对了。

生

我不愿依赖别人，因为依赖别人总觉得好像欠下人情。

哎

嗯，确实有这个缺点。

但是依赖别人也不全是缺点，

比如自己办不好的事情别人给办好了，

可以接触到新的知识和思考问题的方法。

你竟然把拍不拍就拍了。
视频拍好了。
是用电拍不
是的

一个人生活确实很轻松，

但人生太轻松的话反而并不开心。

今天我请朋友来帮忙了。

耶——

我来帮忙了。

☆击掌

今天真闲啊!

沙沙沙

拍

我请你吃饭作为答谢吧!

不用客气。

那我多过意不去呀!

真的不用客气。

沙沙沙 沙沙

咔嚓 咔嚓

别客气一起去吃饭吧!

两不相欠的话,下次开口求你也比较容易,不是吗?

我陪你一起去。

依赖的优点和缺点
选择自己感觉轻松的方法

优点也好，缺点也好，全在一念之间

跟别人商量，可以获得新的主意和办法。

将自己不擅长的事情委托给擅长的人来做会提高工作效率。

但是，真的不好意思求人啊！

可是如果我什么都依赖别人会不会养成坏习惯啊！

大家共同分担作业，可以减少自己身心的负担。

怎样给大家分配工作呢？

犹豫

097

旧电话应该怎么处理？

嗯……

可以拿到通信公司回收，

个人信息清理干净的话也可以卖二手。

咪

点点点

大型家具要怎么搬啊？

啊啊

将毛毯垫在家具的下面，两人一组拉毯子滑动家具。

还可以花钱请人将家具改花样。

咪

点点点

晃

晃

好厉害啊，你懂得可真多。

咪

整理，是场信息战。

收拾家具
大型家具的搬运方法
首先将厚一点的毛毯垫在家具下面，然后推动……

现在关于收拾整理的信息特别多，无论是看书还是上网，都能查到既经济实惠又方便的信息。以前我们要参考垃圾站旁的信息板或者政府的宣传单来确认如何扔垃圾，现在只要登录当地公共团体的官网或者打开相关手机软件就可以了。在网上既可以查找有哪些垃圾回收公司，还可以横向比较谁家的信誉好，可以寻找二手商品回收商，如果自己不想收拾还可以委托专业的"整理公司"来帮忙。

现如今了解的信息越多越可以高效率又轻松地完成收拾整理的工作。但我想很多人能接受从网上获取方便的信息，却不能接受委托专业的公司来帮忙收拾整理。"收拾整理只能自己做"这种想法恐怕已经过时了。外行不可能胜过内行。所以自己不能做的事情就委托别人好了。既然有这么方便的东西却不用岂不是很浪费。

099

还没干完

干不完

拍

你可以找我帮忙啊！

流泪

收拾整理也好，烦恼也好，都不需要独自承担。

你可以找朋友、找亲人，还可以委托专业公司来做。

不必一个人承受的。

抽泣

从小就被教育"应该自己做"的人，很容易勉强自己独自承担问题。"这么点小事就找别人帮忙太丢人了""自己做不到是不是因为太娇气了"，结果就是不愿与人商量全都自己承担。

如果你身边有可以帮忙的人，无论多小的事情都可以拜托他。如果身边没有这样的人，那就花钱请专业公司的人来做。这既不是什么丢人的事也不算浪费。世上根本没有"只能依靠自己的力量来做"的事情。会做的人可能只是碰巧会做，也可能是他的运气好，努力了就获得了成果。有的人从小就有机会接触到某件事，结果就会取得一定的成果。即便不会整理，也不必因为这件事而感到丢人。你只是"不适合整理"而已。通过努力获得成功的人常常会说"只要功夫深，铁杵磨成针"。

为什么，别人都做好的事情，我却做不好。

明明别人都轻而易举就做到了……

并没有什么轻而易举就能做到的事情。

每个人都不一样。

只是刚好有很多人擅长做那件事罢了。

比如我从事创作和设计的工作，我可以说自己在这些方面很努力。但因为这些是"适合我的工作"，所以我才能这么努力。事实上，当别人委托我"谁都能干"的工作时，我反而做不好。如果一直这样下去我一定会心理失常，当然我也曾责备自己怎么连这么简单的事情都不会做。每当听到"只要功夫深，铁杵磨成针"这句话时我都觉得像是某种诅咒一样。

因此，无论是日常生活也好还是工作，抑或是收拾整理，不会做的事情不用勉强自己独自承担，干脆委托别人做好了。相反，如果有什么是你擅长的而别人却不擅长的事情，在这方面多多努力的话就会帮助到别人。你的努力也更容易获得成果。

第 **6** 章

RENEW

换新的

旧的东西要留着吗？

很多人劝我买电水壶，

我现在是用水壶烧水再把开水倒进暖壶里。

我觉得这样可以啊！

你不劝我买新水壶吗？

但是你喜欢现在的方式啊。

嗯，这种方法我用起来比较顺手。

如果本人没觉得不方便的话其实没必要换新的，

因为买新东西是为了让自己的生活比以前更方便。

用起来顺手的东西没必要特意改变。

104

很多人会趁着收拾整理或者搬家的时候买新物品。我也在上次搬家的时候一狠心将旧家电和不适合新家的家具全部处理了。换上新家电和家具后心里真的好舒畅，新物品也特别好用，我的心情都跟着焕然一新。

但是也有几样保留下来的旧物，现在仍在使用。收拾整理绝不是将旧的物品扔掉全都换成新的，而是给自己定下一个规则去整理。如果买了新物品，却是不需要的，那岂不是重蹈覆辙？即便是旧物，也要把必需物品挑拣出来，这就是整理。

人生亦是如此，当你到了新的环境，就会把旧的人际关系全扔掉吗？肯定不会。你可能会借此机会扔掉不需要的人际关系，但是一定会保留最重要的人际关系，从而让自己的人生更轻松，我想这就是所谓的人生整理吧！因此，整理跟新旧无关，关键看你想保留什么。

不过呢，你回顾一下自己的人生。

但是跟旧的东西分别的时候也很让人难过。

新的东西虽然让人很兴奋，

如果没有分别，就会有很多人因此不能相遇。

从小到大，你经历过多少次毕业，也有分别。

每次都有新的相遇，

女神——麦当娜

老妈

老爸

路人

路人

谁啊？

东西总是会坏的，人也总是要死的。

但是，每一次分别都会在你的人生里留下印记。

如果一次都没有经历过分别，可能就没有现在的你。

106

怎么了？这么高兴？

哼哼哼

我好期待背新包出门啊！

总感觉我会遇到好事儿呢！

真好啊，老妈我最喜欢这种心情了。

让我想起年轻时，无缘无故就感觉会有新的邂逅。

因为会考虑价钱啊，担心用不用得惯什么的。

你这个想法是错误的，很可笑。

MAC电脑？

选择障碍吧。

呃ッ

平板？

呵呵

买新东西真是需要勇气，

裁判

担心

使用方法

价钱

虽然有「各种担心」，但是这不能解决问题啊！

你可以认真地想一想到底是什么在妨碍你。

担心总是要有理由的。

当你无法对新的物品或者新的事情出手的时候，

因此，需要认真考虑并设定目标，否则是无法实现的。

无论你是想实现自己的梦想，还是获得自己想要的东西，都需要勇气，当然也会有担心。

冲动购物

住手！

真棒啊！

比新产品便宜，看起来性能也还不错的打折商品。

老妈的直觉

看起来比新产品更好，而且还便宜。

这样的商品竟然还没卖光你不觉得奇怪吗？

就像在联谊会上，性格又好收入又高的帅哥却被剩下来了。

肯定有原因吧！

真正的白马王子是骑白马的，而不是甩卖的小推车。

可疑

我以前经常冲动消费（现在已经很少了）。当手头非常宽裕又不缺收纳空间的时候，有些人会通过购物来排解压力，我并不否定这一做法，但是绝大多数因冲动买回来的东西会让你后悔。为什么会后悔呢，因为正如字面所述"只是冲动地想要"。仔细想想自己为什么会冲动地想要这样东西，就会分析出自己的行动规律。如果是因为压力或者生病导致的，那需要去专业机构对症下药。但比如说这件东西看起来特别划算，可事实上却不是这么回事，或者自己已经有了类似的，那过后一定会后悔。

对那些看起来性价比特别高的商品多画几个问号，充分了解自己都有什么，这样就可以控制冲动消费。另外再回忆一下"在什么时间、买了什么、结果怎么样了"，也可以在某种程度上让自己的冲动急刹车。就像努力回忆一下"那个人现在怎么样了"也是同样的道理。

你冲动时买的这些东西，我们来看看那些东西现在怎么样了。

啊啊啊啊啊啊啊！减肥类的物品可真多啊……

腹肌锻炼器材：
呼啦圈
筋膜球
瑜伽垫
跑步服
跑步鞋
凳子、升降台
膳食管
（衣柜里）

并不是换成新的就好

真想家里都是崭新漂亮的东西啊！

是吗？老妈家还都是昭和时代的风格呢！

昭和时代的风格反而更让我觉得踏实。

老妈喜欢崭新的家，

啊？你净让我扔东西，自己却把旧东西都留着不扔！

我不是让你扔旧东西，而是让你把不要的东西扔掉。

不对不对

人际关系亦是如此，所谓的好朋友大多是交往了很久的人吧！

换新的固然可以，但并不是所有的都需要换成新的。

112

新的东西会让人心情激动。但什么都是新的就好吗？并不是这样的。新东西还没用过所以让人感觉冷冰冰的，因为害怕把新东西弄脏还会格外小心。所以如果身边全是新物品的话反而可能会让人觉得不舒服。用人际关系来比喻的话，就像是刚认识不久的人。当你与不太熟悉的人独处的时候肯定特别小心吧？相比之下老朋友或者家人虽然不能带给你新的相遇那种刺激的感觉，但是会让你感到踏实。

从平衡的角度来说，我觉得新的也好，旧的也罢，它们都是必要的。珍惜那些旧了但是依旧特别喜欢的东西，购入今后也会一直爱惜的新东西。这样不管新旧，你增加的都是自己喜欢的东西。人际关系也是一样，经过这样的严格筛选后，相信你增加的都是对你最重要的人。

113

不舍得就不要换了，但是，这个冰箱你用了几年了？

本想将冰箱之类的家电换成新的，可是又不舍得。

所以有很深的感情。

因为用了很长时间

其实，我也会定期更换一些家电。

电风扇也用了十多年了。

嘿黑，♪用得久吧。

那电风扇呢？

这个冰箱我用了二十年，时间久吧！

这是我开始单身生活时的伙伴。

现在的冰箱比以前的省电好几倍，电风扇用久了很容易引发火灾。

当然，如果你不介意的话也没关系。

很介意……

所谓的新，

大概是将每一天都整顿好，这样就会给生活带来新的感受。

但是，旧的东西……

从物理方面来讲是会开心。

觉得只要把旧的都换成新的就会很开心。

以前，没想过这些，

呵呵

我想大概是某些物质发生了变化吧！

在使用的过程中，如果给你带来了新的感受，

116

将房间整理得干净整洁，会让人产生出"接下来要开始新生活了"的积极向上的心情。在新学期和开学仪式的时候一想到"要开始新的生活"，就会让人变得积极向上，真是不可思议呢！与其用笨拙的方法努力，不如通过改变环境来改变自己更加直接有效。同理，只要通过收拾整理就能获得新鲜感，既不用搬家也不用远行，岂不是很方便？

　　在下一章中，我会为大家介绍通过"擦亮"带来焕然一新感受的方法。比如用丙烯刷子将沾满茶渍的马克杯刷得光洁如新，这个杯子就会给你带来全新的感受。再一想到让这个杯子焕然一新的是自己，是不是特别有成就感呢？

这个道理不只适用于物品，也适用于人际关系。即便是老朋友也可以带来新感受。比如更加深入地了解对方的时候，又比如当自己得到了历练而对方也进步之后，互相都看到了对方跟以前不同的崭新一面的时候，这时老朋友也可能会演变成新的关系。再戏剧一点地说，当青梅竹马的两个人突然以异性的眼光来看待对方时；当一个轻浮的男子在结婚生子后却变得扎实可靠时，难道生活中没有这样的事情吗？人际关系和物品一样，即便不去追求新的相遇，也会在既有的人际关系中找到很多新的感受。我觉得，新就是指以某件事情为契机从而"萌发了新的感受"。即便不去寻找新的事物、新的场所、新的人，凭借自己的力量就可以在既有的事物中得到新的发现。就像幸福，你根本不用特意去寻找，其实它就在你的身边。

第 7 章

POLISH

擦亮

物品可真好，经过打磨擦拭就会变干净。

叹，好想变漂亮啊！

使劲儿 使劲儿

说什么呢？

人不也是在擦亮后就会变漂亮吗？

可是，就算再怎么擦亮，我的变化都是有限的。

叹气

将来的事可说不好。

比如有人把点心盒当垃圾，

也有人特意为了盒子买回来装宝贝。

NEKOMADOU!

我们与生俱来的容器虽不可改变，

但是，

这个容器是垃圾，还是宝物盒，完全取决于你自己。

工作还没做完，看来今天要熬通宵了。

喵~

还是应该好好休息才对。

话是这么说，但是工作做不完没办法啊。

不工作就赚不到钱，没钱就没法生活。

啊~呜~

既然这样，那一定要小心自己的身体啊！

千万不要太勉强，一旦身体搞垮了反倒耽误工作，到时一无所有。

物品和工作都能换，但是身体只有一个，

一旦坏了无法更换。

虽然以前偶有过劳死的事件发生，但是最近经常能听到这方面的新闻。很多人在别的事情上都能做到珍惜对待，可唯独自己的身体却不能好好呵护，导致身体累垮或者精神抑郁。

缺东西我们会觉得不方便，但是东西坏了，可以修理，也可以买新的。没有工作就无法生活，但如果身体累垮了就不能工作。物品也好，工作也好，都是可以替换的，但身体却不能。我们的身体是独一无二的，等身体坏到连治都治不好的时候就来不及了。

为了让物品保持最好的状态需要经常维护、保养。如果想让身体结实，就要管理自己的健康状况，花时间锻炼。这样才能以最好的状态过好每一天。请一定好好珍惜你自己的身体，因为这世上只有一个你。

太夸张了吧，我只是有点胖而已！

无论你身体的体积增大多少，也不会变成两个。

所以，

身体只有一个，

肥肉　肥肉

好想让自己的绘画水平越来越好啊！

最好是那种，一回过神来时，就画得特别好。

你有说这话的工夫，不如多画点画，肯定会有进步。

好想瘦成一道闪电，好想变帅。

我想不费劲儿就瘦下来。

吃多少就运动多少的话，肯定会瘦的。

物品也好人也好，不擦是不会发光的。

擦一擦总会发光的，所以，加油！

记住了？！

好吧！

无论是新东西还是旧东西，想保持漂亮的状态就要经常保养。再漂亮的东西放半年不用也会落灰，一年之后就会劣化。虽然这样也能用，但就不会有刚买回来时那种激动的感觉了。

生活亦是如此，即便你不擦亮自己也可以生活，但这样下去你就会离曾经憧憬的光彩照人的生活越来越远。有的人甚至可能会觉得自己的生活暗淡无光。

但是，就像物品擦亮后会光亮如新一样，人生也可经过擦亮而再次变得熠熠生辉。可能有人会觉得现在开始有点晚了。但擦亮自己这件事，从什么时候开始都不算晚，这样你才能充分享受接下来的人生。可以钻研工作、钻研兴趣爱好来擦亮自己，即便不去做什么特殊的事情，慰劳一下自己也算是一种对自己的保养。

擦亮物品还好说，可是要怎么擦亮自己呢？

完全没有头绪。

其实也不用做什么特殊的事情，管理好自己的健康状况也属于擦亮自我啊！

可以去游玩，也可以在家休息，让身体恢复到最好的状态。

擦亮是为了保持物品的光泽或者是找回当初的光泽。如果能让物品一直保持刚买时的状态，那就可以一直拥有当时激动的心情。擦亮旧的物品使之恢复当初的光泽，会让你产生自信。如果擦亮自己，或许会发现自己隐藏着宝石一样的才能。

不管怎么说，不擦亮就不会有这样的相遇。常有人说"像我这样原本×××的人，即便再怎么擦亮也无济于事"，在还没开始擦亮前就放弃了。这看起来是没有自信的表现，但我觉得这种人是过分自信了。将来会发生什么事除了神仙谁也不知道。可是这种人却敢否定将来的事，难道不是比神仙还要厉害的自信达人吗？当没有自信，"不知道将来会怎么样……"时，我真的希望他能背水一战，赌一把到底自己行不行。未来变幻莫测，即便是几秒钟之后的事我们也无法预测。只要活着就要接受连环的赌博，擦亮自己，赌一下看看自己到底能发光到什么程度有何不可。

第 8 章

MAINTAIN

保持

虽然我的房间跟杂志上的房间不一样，

呼呼

但是我住起来特别舒服。

不错，适合自己的状态是最容易保持的状态。

模仿那种对别人来说『整洁的房间』，

但是自己住起来却不够舒服，这样的房间状态是无法长久保持下去的。

你的房间首先应该考虑适合自己住，

模仿别人的生活方式很辛苦，是无法长长久久坚持下去的。

真碍事儿

我们倒是挺乐在其中。

老爸

只是房间变整洁了还远远不够，要一直保持下去才是最终目的。我认为整理房间不能根据别人的规则进行，而是要有自己的原则，这样才能将整洁的状态长久保持下去。因为这跟你的心情密切相关，比如某些书上写"只要遵守这一点就可以拥有整洁的房间""只要做到这一点就会成为有魅力的人"，一直以来你都按照这些规则来规划自己的生活，结果这些规则却不适合自己，继续坚持下去是一件很痛苦的事情。

如果你现在并没有按照这些规则来做，你就可以本能地判断这些规则不适合自己。再进一步说，当别人命令你"必须遵守这些规则"的时候，其实就会大大降低你的积极性。所以最好用你自己的方式来保持最好的状态。当然，当你想"这样做"的时候，可以给自己定下新的规则。关键是要你自己主动保持现在的状态。

不买没用的东西

使用过的笔要放回原来的笔筒里。

事先决定好物品的摆放位置就不会乱七八糟。

嗯，给它们都放回原来的位置会让人放松。

就像物品都在固定的位置上会让人安心一样，

爬山

比如累了时就去大自然中放松。

事先想好缓解压力的方法也会让人轻松。

不知道应该把东西放在哪里，如同不知道问题的解决办法。

痛快了

如果事前知道吃什么会长胖的话就更好了。

如果充分了解你所拥有的物品的数量和空间的话，其实也不用想得那么复杂。

看某谱什么能可真方便啊！手机软件还能

因为摆不下所以一直忍着没买的书现在能买了。

我不像以前那样什么都囤积了，现在纸质书籍和电子书籍一半一半。

话虽这么说，

不攒太多东西，控制物品的数量，这样在收拾的时候确实轻松许多。

嗯嗯。

烦恼也是一样哦，

不要积攒太多烦恼，如果只有一点点烦恼的话处理起来还是很轻松的。

这个嘛……

但是如果招呼别人来家里玩的话，这个样子真的行吗？

用自己的方式整理房间倒是没问题，

平时我给别人展现的都是自己最帅气的一面，但是，真不想让别人看到啊！

叹气

如果是爸爸妈妈或者兄弟姐妹这些亲密的人，就可以毫不犹豫地招呼来自己家里吧！

真的，原来我是想隐藏自己的真面目啊！

因此，如果你都不肯将自己的真面目展现给他看，压根儿就不要招呼这样的人来家里。

你是想说这事儿啊！

不要什么人都领回来！

简单地说，只给外人看的光鲜外表是必要的，素颜和房间只留给最亲密的人看就够了。

脏一点也不会死

134

喂，老妈，虽然这有点唐突，但是我想知道你对我房间的看法。

五十分左右吗

如果评分的话，一百分满分，我能拿多少分？

十分。

喵嗷嗷嗷

不跟你开玩笑了，为什么这么在意别人的意见？

所以我也有点在意。

电视里不是经常给房间评分吗？

网站上不是经常有各家餐饮店的点评吗？

你经常看吧！

第14名猫拉面（拉面）
★★★☆☆ 3.2
价格600

喵喵亭（拉面）
★★★☆☆ 3.0
价格700

如果你常去的店的评价特别低，你怎么想？

应该五颗☆才对。

不靠谱。

怎么可能！

所以，与其相信别人的评价不如相信自己的评分。

135

当然，不只局限于打扫。

坚持打扫的秘诀是什么？

如果有什么秘诀是可以让你将一件事情坚持下去的，那就是在养成习惯之前一直坚持这件事情。

老太子在商场的嘟嘟啊！

给手机充电

你会给手机充电吧，因为手机没电会很不方便，所以不知不觉就养成了习惯。

虽然你可以勉强自己坚持一件事情，但是这个过程必然十分痛苦。

只有那些为了自己好的事情，才会让你真的坚持下去。

不仅是收拾整理，经常有人问我，"怎样才能将一件事情坚持下去"。读书，上网都能查到很多各种各样的办法。比如先短期尝试，再想办法延长，为了养成习惯一点点增加坚持的难度，设定明确的目标和奖励来促使自己坚持，等等。为了能长期坚持下去，最好一开始先短期尝试，然后再一点儿一点儿地养成习惯。说实话，我也觉得只有这种方法才能"坚持下去"。但是"坚持下去"真的特别必要吗？确切地说"单纯地坚持"有必要吗？比如"戒不掉零食"这样的坏习惯很容易坚持，但是换成"戒零食"这样的好习惯就很难养成。两件事情上有一点是相同的，那就是坚持。其实答案很简单，舒服的事情能坚持，但是讨厌的事情就不想坚持。

所以，即便养成了习惯，不喜欢的事情终究是坚持不下去的。这时我们不妨再深究一下"想坚持下去的理由"。比如"戒零食"，为什么必须戒掉零食呢？从增加幸福度的角度出发，肯定是应该吃零食。但是长期吃零食会导致"长胖或生病"之类的问题，那么戒掉零食会比长期吃零食更幸福吗？这个回答就比较暧昧了，有些人选择"死我也要吃自己想吃的东西"。所以，如果选项不是"戒掉"，而是"不会长胖，不容易生病的吃法"会怎么样呢？想控制糖分的话就减少砂糖含量，想控制卡路里就吃魔芋。如果不用戒掉，通过"改变"就能达到相同目的的话，是不是会让你坚持下去呢？过分控制自己的欲望只会让你对这件事情产生厌恶。所以与其严格地限制自己，不如去寻找别的可以到达相同目的的方法，这样才能更容易坚持下去。

第 9 章

9

CLEAR UP MY MIND

整理心灵

收拾整理的时候，首先整理自己能拿动的小物件，如果遇到拿不动的东西就请别人来帮忙。通过物品外观比较容易预估它的大小和重量，但是烦恼的大小和重量就不太好估计了。

　　无论如何我都要独立完成，能这样想是因为有责任感，很了不起。但是如果遇到了实在无法一个人承担的重大烦恼时，我觉得还是不要一个人硬扛的好。勉强自己去搬一个自己搬不动的大物件肯定会受伤，同理，如果一个人去应对自己无法承担的烦恼时，心灵也容易受伤。

　　如果找不到朋友帮忙或者没有钱委托专业公司，这时选择"放手"也是一种办法。如果知道自己肯定会受伤，那么一开始就不搬不就行了吗？一生中真正让我们无法放手的东西恐怕少之又少。我们应该爱惜自己，不要独自一个人去面对承受不了的困难。

以前在黑心企业打工的时候，什么都要自己扛着，于是把身体搞垮了。

现如今说起来好像是笑话一样。

如果不放手，很可能会带来危急的后果。

没有什么事情是值得让你不惜搞垮身心也必须要做的。

自己搬不动的东西不用勉强去搬。

浴室里生了霉菌，周末得打扫一下。

应该立刻打扫才对，

傻瓜！

霉菌这种东西一旦多起来就不好处理了。

哎呀呀

以前有个叫J的作家，蜜蜂在他的车里筑了巢。

早点把蜜蜂轰走就好了，他发现的时候蜜蜂已经在发动机室里筑了巢。

是不是在车检的时候才发现？

是呀，关键是这事儿还有后续。

真可人啊。

哎呀，有蜜蜂？

嘿，

我知道。

所以，什么事情都要在质变之前收拾好才对。

之后同样的事情又发生了三次，他最终还是没有拗过蜜蜂，不要车了。

是不是更可人。

据说，他还忘了更新驾照，最后连驾照都过期不能用了。

哎，真让人受不了啊！

呵呵

收拾整理也好，烦恼也罢，少量的话自己都比较容易处理。控制自己制造的垃圾在每天可处理的范围内，控制自己房间的凌乱度在一小时内就能收拾好的程度。

用烦恼来比喻的话，就是不同的看法和见解能改变内心。如果放任烦恼不管，就会抑郁，小小的烦恼也会变成你自己无法承担的大问题。这时如果想解决问题就要借助朋友和家人的力量，如果还解决不了就要找专业人士来帮忙。就像房间如果乱得不成样子，自己就没办法收拾。所以无论什么事情都应该在它刚刚萌芽时处理好，事情就不会恶化。一旦问题增多，处理起来就不会那么容易了。就像第一只蜜蜂来侦查地形的时候如果把它轰走的话很简单，但是放任不管就会结成大蜂巢。所以收拾整理无小事，千万不能疏忽大意。

趁问题还不明显的时候整理
在问题增多之前整理

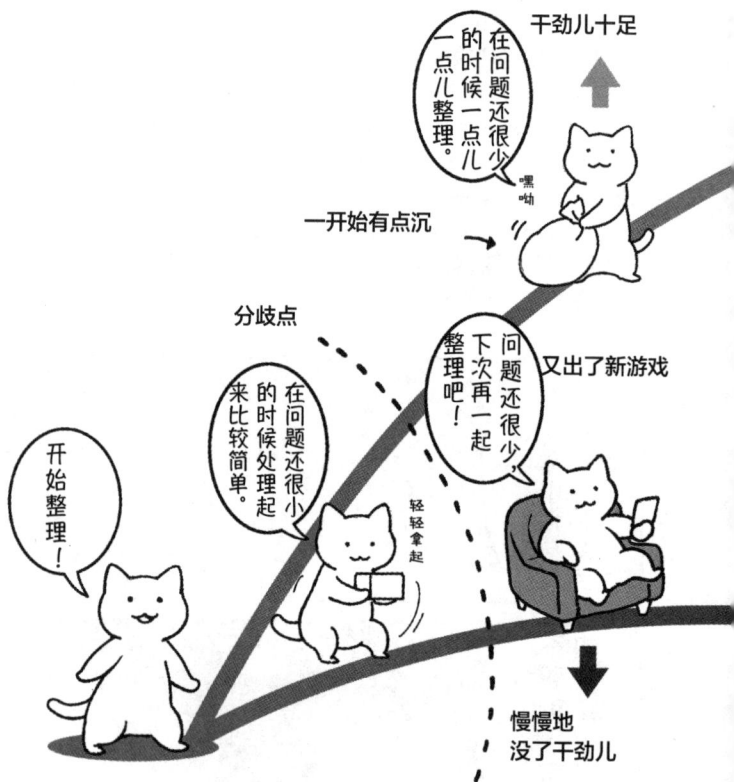

干劲儿十足

在问题还很少的时候一点儿一点儿整理。

嘿呦

一开始有点沉 →

分歧点

问题还很少，下次再一起整理吧！

又出了新游戏

在问题还很小的时候处理起来比较简单。

轻轻拿起

开始整理！

慢慢地没了干劲儿

更加有干劲儿

不积攒问题，所以总是很轻松。

有了富余的精力，所以更早地开始工作。

噼里 啪啦

慢慢地不觉得沉了

因为有了富余的精力，所以可以干别的事情。

如果这个时候收拾的话，一切还来得及。

问题还少，过后一起处理吧！

压力越来越大

当一个人无法整理的时候，也没有富余的精力去工作。

一个人已经干不动了。

无法工作。

筋疲力尽

越来越没有干劲儿

哇，好意外。

嗯，话是这么说。对此我既不反对也不赞同。

我觉得只要自己靠谱，跟什么样的人做朋友都无所谓。

就算是混在一起，那也算朋友啊。

上学的时候，老师总说要择人而交，我觉得很烦。

应该是好人会应该会替我高兴吧？

哇，好棒，切。

有什么了不起的！

那么，你觉得当你遇到好事儿的时候，哪种人会替你高兴呢？

当然是选好人了。

选哪个呢？

如果能选的话……

如果让你选的话，你是想当好人还是坏人？

与你想成为的那种人在一起可以毫无顾虑地全力以赴，

但是与牢骚满腹的人在一起就很难分享自己的喜悦了吧？

你和什么样的人交朋友都行，但是与你想成为的那种人在一起会让你每天都过得很轻松。

顺便说吧

当你准备买一样东西的时候，买过的人跟你说"别买这个了"。如果是物品的话我们可以冷静地询问对方"为什么"，然后研究一下是否值得买，但如果是人际关系的话可能就很难做到冷静对待。自己认为很不错而交往的朋友或者恋人，如果有人跟你说"他是坏人，别跟他在一起了"，你肯定会生气。但是冷静下来想一想，这时确实应该注意一点，分清谁是好人谁是坏人。坏人大抵指的是"对自己来说是坏人"的人。

要和在一起时，能让你全力以赴、开怀大笑、积极努力的人交朋友。发自内心地为你的成功感到高兴的人是最可贵的。最好与能让你保持自我的人交朋友。

斩钉截铁

因为你乱扔东西啊！

我明明都收拾干净了，为什么地上还有东西……

啊
又多了几个盒子……

为什么？

斩钉截铁

因为你不动脑就买回来了呗！

明明处理了很多书，怎么又出现了几本。

啊，这又这么多了。

为什么？

看清现实吧！

这不是该烦恼的地方。

为什么？

有时我们会突然发现自己怎么又在重复以前的坏习惯。如果一次就能痛改前非，永不再犯那该多好（苦笑）。但是现实却事与愿违。改掉坏习惯，坚持好习惯是一件很不容易的事情。所以，如果你觉得自己不擅长坚持的话，那就先从小事做起吧！比如在早晨起床后喝营养辅助饮料，睡前喝白开水，坚持自己的行为模式，直到养成习惯为止。在收拾整理时，事先决定好"不放东西的位置"。如果能坚持的话，逐渐增加这样的位置。如果你总是满腹牢骚的话，那就给自己设定一个上限来慢慢减少发牢骚的次数。你可以花很长的时间来养成习惯，因为在花时间做的过程中我们的身体自然而然就会记住这个行为模式。小时候我们花了很长时间来养成刷牙、一个人上厕所的习惯，所以对现在的我们来说这些才成了理所当然的事情。只要坚持，相信一定会养成习惯的。

确实偶尔会有这种思想扭曲的孩子。

为什么仅凭猜测就像痛恨杀父仇人一样强烈抨击人家呢？

他完全没有错，却……真是太可怜了。

社交网络太可怕了，事情的真相只有当事人知道，可是……

思想扭曲的人也是危险的，如果不及时收拾是会受伤的。

如果拿收拾整理作比喻的话，就像变了形的钉子很危险。

暗黑　老妈

如果你遇到了可能会让你受伤的人或事，一定要在受伤之前处理好的意思。

并不是让你真的去收拾他，不是可以拉黑什么的吗？

收……收拾？

满头大汗

讨厌啦！

老妈是正经猫。

有人跟我说状态好的人容易遭人嫉妒。

真受不了啊!

是这样吗?

我不想认同这个观点。

啊,我觉得他可能表达有误。

郁闷

通过努力让自己的工作事业顺利的人往往会得到别人的支持和鼓励。

但是得意忘形、忘乎所以的人一定会受到批评指责,他大概想说的是这个意思吧?

老妈

暗黑

「因为状态好,所以遭人嫉妒」这话是你自己说的吧?

的确。

是的。

你可真够自以为

因为你总说人无完人,挑一挑总会有毛病的,所以才会受到批评指责啊!

拍打 拍打

真是拍出不少灰啊!

151

呵呵呵

好像在偷懒一样。

休息日如果不做点儿什么事情的话总觉得有种罪恶感，

这时你在句子里加上「需要」就行了。

刷刷——

可以读书，因为你需要汲取知识。

好想多花点儿时间读书，但是……

刷刷

喵

可以接着睡，因为身体需要。

虽然很困，但是必须起床做……

会长胖的。

这个不行。

营养

需要

咀嚼

可以吃，因为你的身体需要。

好想再吃一个啊！

严于律己的人往往因为太过努力从而给自己订立很多指标和限制。如果你的身心能接受，我倒也不反对你过着像修行僧一样严酷的生活，但是努力过头会导致在休息时无法好好休息，遇到黑心雇主也无法反抗，最终使身心受到损伤。这样的人需要"练习"原谅自己和放纵自己，其实这些都是以前别人劝我的话。比如在周末还没睡够的时候，或者还想再多看一会书的时候，告诉自己"因为需要所以可以"，把这些原本被自己当成偷懒和放纵的事情重新设定为"需要完成的指标"。

"健康管理也属于工作的一部分""杂学懂得多交流的圈子会扩大""到处旅游可以增加你与别人的谈资"……我将这些全都设定成我的指标，所以现在我可以很自然地做到休息和游玩了。

不过一开始的时候我也做不好，当时我给自己设定了严格的指标，一周必须好好休息两次，渐渐习惯后，我就可以很自然地做到放松休息了。休息后你可能会怀疑自己是否还能按照以前的节奏工作。但是充分休息会让你的头脑清醒，以前没办法冷静思考的问题现在也可以从不同的角度重新审视，还会意识到逆来顺受的工作和环境"有问题"。可能喜欢严格要求自己的人不会这么想。因为一直以来都逆来顺受的人，反而在休息后会感觉"有问题"。虽然忍耐也是一种修行，年轻时候多吃点苦有助于自己成长，但也有人不愿意修行，认为自己主动找苦吃岂不是太傻了。虽然有时候必须忍耐和吃苦，但如果开车时有两条路可以选，一条塞车一条通畅，毫无疑问你一定会选通畅的路。人生亦可以如此。

起初什么都没有

这个房间原来这么宽敞啊！

收拾好房间时我就想了，

刚搬来时房间里不是什么都没有吗？

就像刚出生的婴儿一样是一张白纸。

之前你还说没有地方放东西呢！

哈哈哈

呵呵

人生也是从一张白纸开始的，

跟房间一样，收拾整理一下，心灵也变宽广了。

155

发生什么事情了？怎么这么高兴？

我在想等房间收拾好了放点什么好呢？

因为放不下，所以这些东西一直忍着没买。

啊，这可真是最开心最激动的时刻了！

还有，我想做一些新的尝试。

为什么呢？

不错不错

房间收拾好了，心里也多了放置新东西的富余空间。

每天都很开心，我想尽量一直保持笑容，但是……

偶尔还是会想起那些曾经重要的人，还有养过的宠物。

就像重要的物品，我们平时都收起来，只在必要的时候才会拿出来。

你应该丢掉的是大人的自尊心。

如果能将这些软弱丢掉就好了。

都这么大的人了，

一刀切的扔东西的方式可不像大人的做法。

高兴的时候可以笑，难过的时候也可以哭出来啊！

157

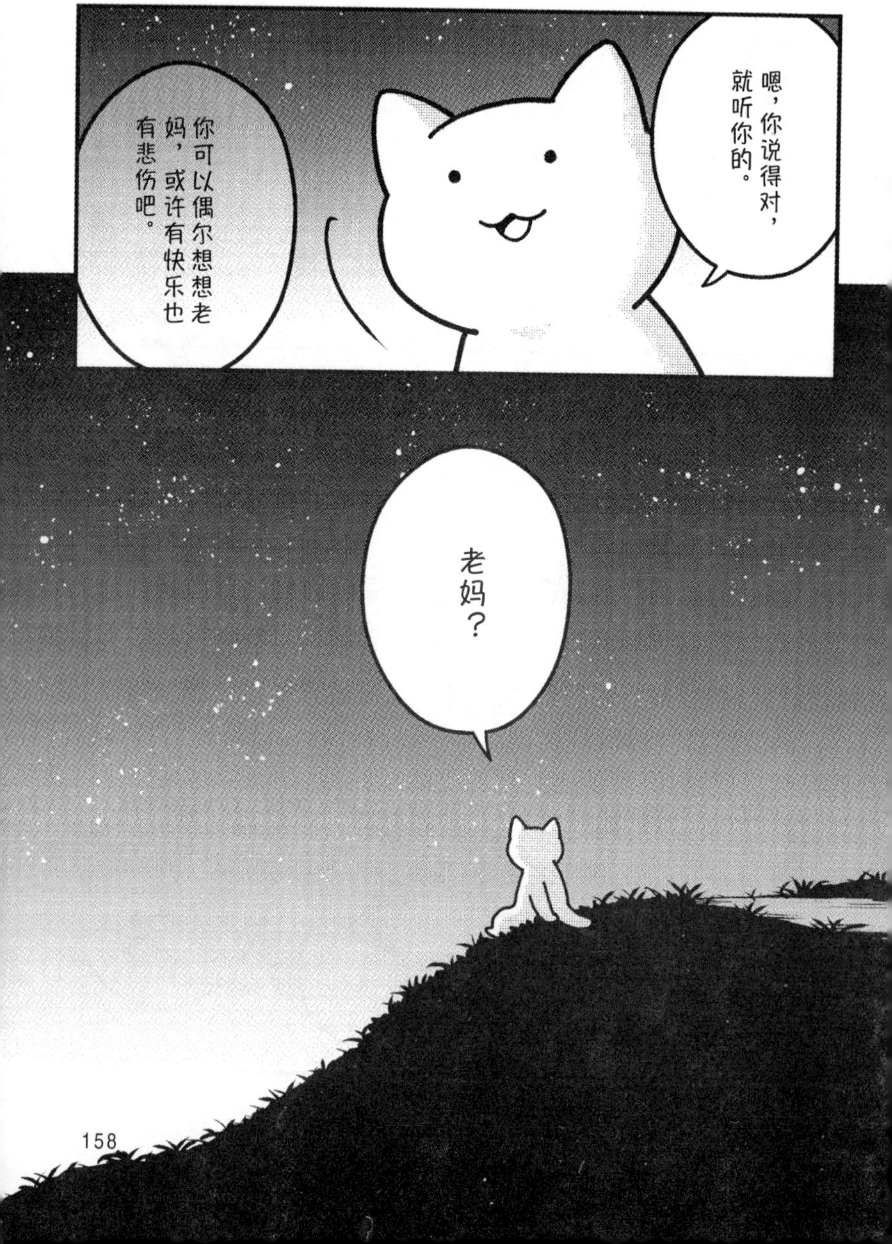
嗯，你说得对，就听你的。
你可以偶尔想想老妈，或许有快乐也有悲伤吧。
老妈？

人生中有很多相遇和分别。虽说这就是命运，但是跟重要的人分别的时候总会让我们的心里变得空荡荡的。小时候我们在每次分别的时候都会放声大哭，但是长大后我们渐渐不哭了，我们暗暗告诉自己，这就是成长。为了战胜这种空荡荡的心情，我们选择忘记。但是怎么可能轻易忘掉呢？

因此，我们需要"整理"一下这种心情。不用忘记，只要在心里找个合适的地方放置这种情绪就好。如果一直带着悲伤的情绪，日常生活中就不可能面带笑容。因此，整理心灵很有必要。就像整理房间一样，将心灵整理成适合自己的样子，以更轻松的心情迎接每一天。

🐱 后记

首先衷心感谢各位阅读本书。

感谢您阅读本书，感谢所有帮助过我的小伙伴，感谢给予我本次出版机会的编辑和出版社的各位朋友。

该书是我执笔的第二本书，在我第一本书的"后记"里，记述了与出版相关的一些不可思议的缘分，这次我也想跟大家分享一些这方面的内容。

现在完全可以当成笑话来讲，其实我的第一本书原计划也是由 PHP 研究所来出版的。但是很遗憾，由于当时发生了一些事情导致合作失败，不过有一名责任编辑在那之后仍一直给我加油，我跟他说如果有缘的话我还想通过 PHP 研究所出版我的书。

就在那次事件的一年之后，一个偶然的机会，另一名不了解上次出版中止事件的编辑邀请我进行本书的创作。

在接受他邀请的时候我顺便把上次的事件讲给他听。

他认真地听完之后鼓励我放心进行本书的执笔工作，在他的帮助下，我顺利完成了本书的创作。

也正因为这本书，我才得以摆脱第一本书合作失败后后悔的情绪，也实现了与 PHP 研究所合作的愿望，就像舍弃了旧物，将新物摆放到房间里一样，我的心灵也得到了整理。

其实我非常犹豫要不要将这件事情写到"后记"里。但我真的很想告诉大家，世上有很多无法解释的不可思议的事情，即便是曾经放弃的事情，如果真的有缘的话，一定还会再次相遇。

我相信一定是因为不可思议的缘分让我和各位读者相遇。

就像你终究会遇见那个你想见的人一样，希望本书也能成为你想遇见的那本书。